대한민국
컬처코드

대한민국

컬처 코드

문화코드를 알면 트렌드가 보인다

주창윤 지음

21세기북스

프롤로그
우리 사회의 문화코드와 시대정신

싸이월드, 블로그, 뉴스 게릴라, UCC User Created Contents, 촛불집회, 붉은악마, 노사모, 광장 응원, 퀴어문화축제, 메트로섹슈얼, 위버섹슈얼, 콘트라섹슈얼, 초식남, 개똥녀, 된장녀, 루저녀, 〈왕의 남자〉, 〈대장금〉, 〈주몽〉, 〈커피프린스 1호점〉, 팬픽, 몸짱, 얼짱, 쌩얼, 누드, 웰빙, 짐승돌…….

    2000년대 우리 시대의 문화 현상을 보여주는 어휘는 위에서 언급한 것 말고도 수없이 많다. 인터넷을 기반으로 새로운 유행이 등장했고, 대중문화 생산자들은 시대코드에 맞는 문화 산물을 제작하기 시작했다. 당대를 사는 '이름 없는' 개인들이 주도적으로 문화코드를 생산하기도 했다.

    2000년대 문화 현상들은 그 어느 때보다도 복잡한 양상을 띠고 있다. 과거 한국 사회에서 경험했던 것과는 차원이 다르다. 문화가 특정한 결정 요인으로 구성되기보다 다양한 요인들의 복합적인 관계망 속에서 형성되고 있기 때문이다. 1950년대 한국 문화는 한국전쟁과 미국이라는 경험 속에서 구성되었다. 1960년대에서 1987년 사이에 일어난 산업화와 민주 대 독재의 구도는 그 당시 문화의 형성을 규정하는 힘이었다. 1990년대 신세대 문화는 중산층의 확대와 민주화라는 경험 속에서 부상했다. 그러나 2000년대 문화는 어느 한두 개의 결정 요인이 아니라 정치, 이데올로기, 경제, 세대, 테크놀로지 등 불균등한 힘의 관계 속에서 구성된다. 따라서 '지금 여기'의 문화는 더 복잡한 양상을 띨 수밖에 없다.

2000년대 중에서도 한국 사회의 진정한 출발점은 2002년이라고 봐야 할 것이다. 2002년 월드컵은 새로운 문화를 만들어냈다. 서울시청 앞, 광화문 등 여러 곳에서 광장이 열렸고, 대중들은 이곳에 모여 세대를 뛰어넘는 공동체적 감격을 나눴다. 축제와 놀이로서의 광장 응원이 참여와 실천이라는 시대정신을 이끌어낸 것은 물론, 소중한 역사적 경험을 공유하게 한 것이다. 같은 해, 효순이·미선이를 위한 촛불이 켜진 이후 광장은 현실 정치문화의 중요한 장이 되었다. 월드컵이 열어 놓은 광장에서 대중들은 또 다른 역사적인 집단 기억을 공유했다. 이것이 새로운 참여 문화를 구성하게 했다.

민주당 노무현 후보의 대통령 당선 또한 이전 시기와 구별짓는 계기를 제공했다. 노무현은 탈권위주의, 지역갈등 해소,

더불어 사는 세상을 통한 새로운 정치와 사회적 이상을 추구했다. 인터넷은 2000년대 문화를 규정하는 핵심 요인이었다. 1999년 초고속 인터넷 서비스가 시작되면서 사용자들은 PC통신에서 인터넷으로 이동했다. 2002년 인터넷 이용자 수는 2,600만 명이 넘었고, 2004년에는 3,100만 명, 2009년에는 3,580만 명에 이르렀다. 인터넷이 생활의 중심이 되면서 다양한 문화 형식들이 나타났다. 사이버 공동체는 '다음 카페', '프리챌 커뮤니티', '네이버 카페', '디시인사이드' 등을 통해 확대되었고, 싸이월드, 블로그, UCC 열풍은 계속됐다. 인터넷 문화는 참여와 도피, 공적 영역과 사적 영역을 아우르면서 문화의 중심으로 자리를 잡아갔다.

월드컵이 만들어낸 광장 문화, 노무현이 꿈꾸었던 정치, 새로운 세대의 등장, 인터넷의 확대, 젠더 관계의 변화와 몸에 대한 관심 등이 서로 접합되면서 2000년대 지배적인 문화코드들이 구성되었다. 이는 정치경제적 힘이 지배했던 이전의 문화와는 달리, 보다 다양한 문화 형식들이 서로 매개하면서 형성된 것이다. 이렇게 해서 발생한 혼종의 문화, 문화와 정치의 만남, 세분화된 대중의 문화욕구, 소비문화와 섹슈얼리티의 결합 등의 코드들은 곧 사회 전반에 편재되었다. 중심으로 향하는 문화의 구심력은 약화되고, 주변으로 향하는 문화의 원심력이 확대되었다.

사실, 2000년대에 접어들어 구성되는 다양한 문화 현상들을 총체적으로 분석해내는 작업은 한 개인의 역량을 넘어서는 일인지 모른다. 그것들이 문화 현상으로 범주화된다고 하더라도, 다양한 관계 속에서 해명하기 어렵기 때문이다. 이런 문화 현상들은 정치, 경제, 인터넷, 매스 미디어, 소비문화 등과 복합적으로 얽혀 있어 단순히 설명하기도 쉽지 않다. 더욱이 2000년대에 나타난 문화 현상은 끊임없이 기성 제도들에 저항하고 또는 편입되면서 변환의 과정을 겪어왔다. 다양한 문화 형식들이 서로 접합articulated되었고, 코드들은 변환transcoding되어 새로운 문화 현상을 만들어왔다. 그럼에도, 나는 2000년대 한국 사회에 나타난 문화의 지형과 형식들을 밝히고 싶었다. 파편적으로 보이는 문화 현상들이, 겉으로는 혼란스럽게 보일지 몰라도 내재적으로는 특정 양식과 시대정신을 보여준다는 것을, 부족하지만 해명하고 싶었기 때문이다.

당대 문화가 어떤 특정한 양식을 보여주고 있다면 그것을 '문화코드'라고 부를 수 있다. 문화코드는 당대 사회의 정치·사회·경제적 지형을 구체적으로 보여준다. 문화코드는 역사적 과정(시간) 속에서 형성되어 오는 것이지만, 동시에 공시적 맥락(공간)과 밀접히 연결되어 가변적이면서도 정형화된 형식을 띠기 때문이다. 한국 당대 문화에서 보이는 문화코드는 어떤 양상으로 나타나고 있고, 또 그 코드 밑으로 흐르는 시대정신은 무엇일까? 이 책은 이에 대한 질문과 대답이다.

당대 문화코드는 문화를 어떻게 규정하고 판단하는가에 따라서 다양하게 분류될 수 있다. 예를 들어, 이어령(2006)은 우리 시대의 문화코드로 붉은악마, 문명 전쟁, 정치문화, 한류 문화를 꼽았다. 그러나 이어령 선생의 통찰력에도 불구하고, 네 가지 문화코드의 수준이 너무 판이하다. 붉은악마는 문화 생산자를 의미하며, 문명 전쟁은 전 지구적global 수준에서 나타나는 것이고, 정치문화는 일반적인 정치 현상이다. 그리고 한류는 동아시아 문화의 재구성 과정에서 나타난 유행이었다. 문화코드가 당대 문화를 규정하는 다양한 사회적 권력과 개인적 욕망 사이에서 형성되는 것이라면, 우리 시대의 정치, 테크놀로지, 욕망, 권력 등을 포괄하는 일정한 수준에서 규정되어야 한다.

이 책은 2000년대 우리 시대를 읽을 수 있는 다섯 가지 문화코드로 유목민 코드, 참여 코드, 몸 코드, 섹슈얼리티 코드, 역사적 상상력 코드에 주목한다. 인터넷을 기반으로 만들어진 유목민 코드를 제외하면, 다른 코드는 이전 시대에도 있던 것들이다. 물론 다섯 가지 코드 외에 더 많은 코드를 생각할 수도 있다. 하지만 과거에 있었다 하더라도 그것들은 지배적 문화코드였다기보다 주변적인 것에 머물러 있었고, 동시에 부상하지 못한 채 남아있을 뿐이었다. 이런 의미에서 보면, 여기서 제시하는 다섯 가지 코드가 2000년대 이후 한국 문화의 '전체'를 보여준다고 할 수 없겠다. 더욱이 몇 개의 코드로 당대 문화를 재단하는 것은 단순화라는 오류에 빠지는 일이기도 할 것이다. 그럼에도 나는 앞서 언급한 다섯 개의 코드가 적어도 한국 당대 문화의 지형과 흐름을 파악할 수 있는 가치 있는 틀이라고 생각한다. 유목민 코드, 참여 코드, 몸 코드, 섹슈얼리티 코드, 역사적 상상력 코드는 단절적으로 형성된 것이 아니라 서로 긴밀하게 연결되어 있다. 다섯 개의 문화코드들은 단절, 접합, 코드 변환 등을 통하여 2000년대 이후 지배적인 한국 현대문화를 구성하고 있다.

2000년대 이후 한국 문화의 형성 과정에서 가장 주목해야 할 것은 '생산적인 주체들의 부상'이다. 생산적인 주체들은 이 시대를 살아가는 사람들이다. 어느 시대에서나 주체들이 당대의 문화를 구성하지만, 2000년대 이후의 주체처럼 이토록 실천적이고, 도발적이며, 창의적이지는 않았다. 이전 시대의 주체들이 '대중이라는 이름으로 지배구조'에 편입된 것과 달리, 2000년대 주체들은 생산적인 문화를 만들어내면서 우리 사회를 이끌고 있다. 나는 이 생산적인 주체들을 '게릴라'와 '놀이족'이라고 부르려고 한다. 다섯 가지 문화코드가 당대 한국 문화를 보여주는 외양appearance이라면 그 이면에 깔린 본질essence은 '게릴라 정신'과 '놀이 정신'인 것이다.

현재 생산적인 주체들에게 보이는 게릴라 정신과 놀이 정신은 전통적인 의미의 게릴라와 놀이와는 다른 측면이 있다. 우리가 게릴라라고 할 때 떠오르는 인물은 체 게바라다. 게릴라는 변방 혹은 지역적인 인상을 준다. 그러나 오늘날 사회를 이끄는 생산하는 주체들은 변방에 머물러 있다거나 특정 진지에 빠져 있다거나 혹은 제도 자체를 부정하는 게릴라가 아니다. 제도에서 소외된 사람들도 아니다. 과거 게릴라처럼 혁명과 투쟁이라는 이념적 목표만을 추구하는 이들은 더더욱 아니다. 물론 혁명을 완수하고도 미완의 혁명을 위해 다시 숲으로 들어가 전사한 체 게바라는 진정한 게릴라였지만, 지금 우리 사회가 그러한 혁명적 게릴라를 요구하는 것도 아니다.

우리 시대의 게릴라는 권력과 제도의 틈바구니에서 상상력과 실천력을 발휘하는 대중들이고, 변방이 아니라 중심에 서 있는 사람들이다. 특정 지역에 머물러 있는 이들이 아니라 우리 사회 전체에서 활동하는 사람들이다. 우리 시대의 게릴라는 어느 지도자에 의해서 유도되는 게릴라가 아니라 스스로 유목민의 성격과 자유로움을 가지고 억압된 현실을 변화시키는 이들이다. 제도 밖에서 머무르는 것이 아니라 스스로 제도를 만들어내는 사람들이다.

생산적인 주체는 제도화의 틀 속에 갇히기를 거부하며, 새로운 전략과 전술을 만들면서 동시에 제대로 된 놀이를 할 줄 아는 사람이다. 이들을 놀이족이라고 부를 수 있다.

놀이족은 우리 사회를 신명나는 '놀이판'으로 인식한다. 우리 시대 놀이족은 놀이를 통해 '공동체의 이야기'를 이끌어내고, 놀이를 통해 저항하며 실천적 문화를 생산해낸다. 놀이족은 일상에서 벗어나는 놀이만이 아니라 일상을 극복하는 놀이도 할 줄 아는 사람들이다.

나는 오늘날 우리 시대를 사는 사람들 모두가 게릴라이면서 동시에 놀이족이라고 생각한다. 게릴라와 놀이족은 서로 분리된 두 집단이 아니라 하나다. 게릴라와 같은 놀이족, 놀이족과 같은 게릴라가 우리 시대를 살아가는 주체들의 참모습이다. 우리 시대의 대중은 게릴라 정신과 놀이 정신을 접합함으로써 그 어느 때보다 실천적인 문화를 구성한다. 이것이 바로 2000년대 한국 문화의 구성과정에서 특징적으로 나타나는 현상이다.

지난겨울, 유난히도 폭설이 많이 내리고 추위가 매서웠지만, 나는 이 작업 때문에 행복한 겨울을 날 수 있었다. 작업을 하면서 깨달은 것은 좀 더 깊이 있게 문화 현상을 읽을 수 있는 성찰과 시야가 여전히 내게 부족하다는 것이었다. 어쩔 수 없는 나의 한계다. 출판에 도움을 준 누구보다도 사랑하는 내 아내에게 고마운 마음을 전한다. 아내에게는 어떤 말로도 감사한 마음을 다 표현할 수 없다. 질풍노도의 시기를 겪는 아들 영환 때문에 마음고생을 많이 하고 있는데다, 남편까지 겨우내 밤늦게 집에 들어오니 속 썩이는 것은 아들 녀석이나 남편이나 매한가지였을 것이다. 매서운 추위도 어느새 사그라지듯이 질풍도 시간이 흐르면 사그라지지 않겠나. 아내에게 늘 고맙고, 또 고마울 따름이다.

2010년 4월
주창윤

contents

프롤로그 우리 사회의 문화코드와 시대정신 4

❶ 유목민 코드

01 가상공간과 사이버 게릴라 공동체 015
　유랑하는 주체들의 집합

02 인터넷 게릴라와 놀이족 028
　온라인 뉴스 게릴라 | 촉각과 즉시성 | '나만의 집' 만들기
　놀이와 참여 | 댓글 : 논쟁과 놀이

03 인터넷 공간의 젠더 정치학 057
　여성 호명하기 | 온정주의 성차별

❷ 참여 코드

01 참여세대의 등장 069
　전후 세대 문화의 형성 | 참여세대의 성격
　참여세대의 의식과 행위

02 2002년 게릴라 전사들 079
　붉은악마 | 월드컵의 사회문화적 의미 | 노무현과 노사모

03 촛불의 게릴라전 090
　촛불집회의 전개 | 광우병 촛불의 기동전

04 의례를 통한 저항 100

❸ 몸 코드

01 표류하는 몸 107

02 대상으로서의 몸, 욕망으로서의 몸 115
　시선애착증 | 나르시시즘

03 소녀와 짐승 128

④ 섹슈얼리티 코드

01 바라봄의 대상으로서 섹슈얼리티의 진화 139
　메트로섹슈얼 | 위버섹슈얼과 콘트라섹슈얼 | 초식남의 등장

02 위장된 동성애의 코드 변환 151
　감춤 속의 드러냄, 드러냄 속의 감춤
　시각적 즐거움으로서 남성 동성애

03 팬픽: 소녀들의 환상 놀이 172
　인형 놀이 | 가면 놀이

⑤ 역사적 상상력 코드

01 상상의 역사 189
　'거시기'로서의 역사 | 상상적 역사서술 | 스펙터클의 역사

02 멜로의 역사 205

03 고구려 민족주의 210
　민족주의의 소환

에필로그 게릴라 정신과 놀이 정신 226
참고문헌 240

ial' 용어가 가상으로 번역되고 있는데, 이는 적절하지 않은 것 같다. 18세
1 유목민 코드

01 가상공간과 사이버 게릴라 공동체

인터넷을 기반으로 형성된 '가상공간'virtual space[1]은 빠르게 확장되고 있다. 멀티미디어와 하이퍼미디어의 특성이 있는 인터넷에서 가상공간은 커뮤니케이션뿐만 아니라 사회제도, 문화, 공동체. 장소 등의 개념을 바꾸었다. 가상공간에서 형성되는 공동체는 전통적인 공동체와는 다르다. 전통적인 공동체 개념은 '장소'place에 기반을 두면서 공통의 경험을 갖는 집합체를

---

[1] 'virtual'이란 용어가 가상으로 번역되고 있는데, 이는 적절하지 않은 것 같다. 18세기에 virtual이란 단어가 나왔을 때는 비현실적(unrealistic)이라는 의미보다 현실적(realistic)이라는 단어에 가까웠다. 즉, 가상이라는 말은 현실을 기반으로 한다는 의미를 담고 있다. 가상이란 용어는 '꾸며낸' 혹은 '비현실적인'이라는 의미가 아니다.

의미한다. 전통적인 의미에서 공동체는 특정한 시간에 특정한 장소에 살고, 공통의 문화를 공유하며, 하나의 사회적 구조 속에 배치되어 있고 집단으로서 독특성과 독립된 정체성을 보여주는 기능적으로 연계된 사람들의 집합체다.

    가상공간의 공동체에는 장소의 개념이 없다. 공통의 문화를 공유하지만, 그 공통의 문화는 보편적이기보다 국면적이며, 하나의 정체성으로 고정되어 있지도 않다. 사회구조 속에 '느슨하게' 배치되어 있어서 통제되지도 않는다. 가상공간은 현실공간의 연속성을 지닌 곳으로 현실과 분리된 것이 아니다. 사람들이 가상공간으로 들어간다고 해서 자신의 사회적 정체성을 벗어버리는 것이 아니기 때문이다. 사람들은 자신의 정체성을 유지하면서 새로운 정체성을 만들어내기도 한다.

    가상공간에서 만들어지는 정체성은 유목민적 특성을 지닌다. 사람들은 가상공간의 집에 정착하지만, 그곳에서 안정감보다는 불안감을 느낀다. 정착하고 있지만 이동할 수밖에 없는 것이다. 이는 가상공간 밖으로 새로운 관계 맺기의 욕망을 자극한다. 이 유목민적 모순은 인터넷 가상공간에서 나타나는 주요한 특징이다. 우리 시대 유목민들은 '나'가 중심이 되는 개인이지만, 개인으로서만 머무는 것이 아니라 '작은 공동체'를 만든다. 각 개인은 하나의 공동체에만 속한 것이 아니라 다수의 작은 공동체에 머문다. 개인들은 다수의 공동체에 동시에 머물기 때문에 어느 한 곳에 정착하지 못한다. 각각의 작은 공동체에 속한 개인들은 게릴라처럼 끊임없이 이동하면서 제도와 권위에 도전하기도 하고, 혼자 놀기와 관계 맺기를 즐긴다.

가상공간은 단일한 종의 공간이 아니라 다종多種의 공간이다. 인터넷의 가상공간은 커뮤니케이션 유형에 따라서 다르게 기능한다. 일대일 비동시적 커뮤니케이션(예: 전자우편), 다대다의 비동시적 커뮤니케이션(예: 전자게시판), 일대일, 일대다의 동시적 커뮤니케이션(예: 블로그나 미니홈피), 다대일, 일대일 및 일대다의 비공시적 커뮤니케이션(예: 웹 사이트). 다종의 가상공간 속에서 다양한 커뮤니케이션 양식이 존재하기 때문에 가상공간은 단일한 속성으로 한정되지 않는다. 인터넷 이용자들은 다종의 가상공간 속에서 블로그나 개인 홈피를 통해서 타인과 교류하고, 다양한 정보를 퍼 나르기도 하며, 상품 등 정보를 검색하고, 공적 쟁점에 대한 토론에 참여하기도 한다.

인터넷이 2000년대 문화를 규정하는 강력한 힘이라는 데는 이견이 없다. 1995년 월드와이드웹이 실용화되면서, 한국 인터넷도 PC통신을 통해 접속하는 시기를 지나 월드와이드웹을 받아들였다. 1999년 초고속 인터넷 서비스가 시작되면서 인터넷 이용자는 급속히 증가했다. 인터넷 이용자(월 1회 이상의 인터넷 이용자)는 2000년 약 1,904만 명에서 2009년에는 3,580만 명으로 증가했다(그림 1-1 참고). 3세 이상 국민의 77.2퍼센트가 인터넷 이용자라는 사실은 아직 글을 읽지 못하는 어린 아이들이나 컴퓨터가 없는 극빈층 혹은 일부 노인층을 제외하면 십 대에서 육십 대의 대다수 국민이 인터넷을 이용하고 있음을 의미한다.

그림 1-1 인터넷 이용률 및 이용자 수 변화 추이(%, 천 명) - 만 3세 이상 인구

　인터넷 이용자는 대중과 같은 통합적 단위로 정의되지 않는다. 인터넷 이용자는 개인의 집합이 아니라 '유랑하는 주체들nomadic subjects의 집합'이다. 한 개인은 인터넷 공간에서 젠더, 계급, 나이 등에 따라 하나의 주체(혹은 자아)를 형성하기보다 다양한 주체들의 결합을 통하여 정체성을 형성하기 때문이다. 한 개인이 가상공간에서 오락적 놀이에 빠져 있다고 해서 그가 공적인 참여를 하지 않는다고 말하기 어렵다.

　가상공간은 의미로 구성되는 공동체다. 물리적 기반과 구조가 미약한 상태를 공동체로 정의할 수 있는가에 대해서 논란이 있을 수 있지만, 펀백Fernback,1999의 주장처럼 의미의 실체도 공동체의 범주 안에 포함시키는 것이 타당하다. 의미는 하나의 상징으로 그치는 것이 아니라 공유된 가치를 지니며 문화적 실천을 포함하기 때문이다. 따라서 인터넷 공동체는 '보편적 의미'global meaning와 함께 '국면적 의미'local meaning에 집중된다. 인터넷 공동체가 공유하는 의미는 특정 주제나 특정 영역을 중심으로 형성되기 때문에 보편적 특성이 상대적으로 약한 편이다. 인터넷 의미 공동체는 개인적 정체성과 '우리'라는 집단적 정체성이 교차하는 영역에 속해 있다. 즉 '개인적 자아가 공적으로 표현되는 공간'Foster, 1997이다.[2] 가상공간에서 유랑하는 주체들은 특별한 의미 공동체를 만들고, 의미 공동체와 의미 공동체 사이를 떠돌아다니며 현실 속으로 들어가기도 한다.

  인터넷 이용자들의 유랑하는 자아의 특성은 2008년 촛불집회에서 그대로 표출되었다. 패션, 요리, 사진, 연예인 등 대부분 취미 중심의 비정치적 공동체가 오프라인 상에서 정치 참여를 전개했다. 동방신기, 슈퍼주니어, 신화 등의 팬 카페가 중심이 되어 촛불집회 참여를 촉구하거나 인터넷 여성 삼국연합(소울드레서cafe daum.net/souldresser, 쌍코cafe.daum.net/19810114, 화장발cafe.daum.net/qqwwzz)이 촛불집회나 미디어법 반대에 참여했다. 이들은 정치와 무관한 공동체에 속해있던 집단이었다.

---

[2] 기준웅(2009)도 비슷한 맥락에서 인터넷 이용자는 개인의 집합이 아니라 '공적 자아들의 결합'으로 이해야 한다고 주장한다.

팬클럽 회원은 스타만을 추종하고 소울드레서 카페 회원은 패션이나 미용에만 관심 있을 뿐이었다. 정치적 경향성과 특정 이데올로기에 빠져 있는 집단이 아니었다. 그러나 이들 집단은 특정 계기, 특정 시점에 적극적인 정치 참여 집단으로 바뀌었다. 이들은 퍼포먼스 등을 기획하고 참여했다.

가상공간에서 활동하는 공동체는 게릴라의 속성을 지닌다고 말할 수 있다. 이들은 어느 한 곳에 머무는 것이 아니라 끊임없이 가상공간과 현실 공간 사이로 이동하며 새로운 전략과 전술로 현실에 대응한다.

유랑하는 주체들의 집합

가상공간이 어떻게 구조화되는가를 과정의 축과 맥락의 축으로 구분해서 제시할 수 있다.[3] 과정의 축은 정서적 욕구나 일 및 작업과 관련된 행위로, 맥락의 축은 국면적(개인적) 쟁점과 보편적(공적) 쟁점으로 구분된다. 두 가지 축을 중심으로 가상공간과 사이버 공동체를 그림 1-2와 같이 도식적으로 범주화

---

[3] 그레이엄(Graham, 1994)은 인터넷 게시판 공간을 '과정'과 '맥락'으로 구분하고 범주화했다. 과정은 심리적 과정을, 맥락은 참여의 범위를 의미한다. 인터넷 공동체의 참여가 심리적 동기이며, 이는 정서 지향이냐 업무 지향이냐에 따라 분류했고, 맥락은 국면적, 보편적으로 구분했다. 여기서는 인터넷 이용에서 오락의 기능이 중요하다고 판단하여 참여와 도피로 분류했다. 참여는 정보 지향과 정치적 행위를 포함하며, 도피는 오락적 활용을 의미한다.

할 수 있다. 유랑하는 주체들은 팬, 취향 공중, 사이버 유목민, 사이버 놀이족, 비판적 담론 공중, 사이버 군중 등으로 위치한다. 여기서 중요한 것은 이들은 하나의 주체 위치에 고정되어 있지 않는다는 점이다. 팬의 위치에서 비판적 담론 공중의 위치로 이동했다가 돌아올 수 있으며, 사이버 유목민의 위치에서 사이버 놀이족으로 이동할 수도 있다.

팬은 참여가 높으며 사적 수준에서 공동체를 형성하는 집단이다. 포털 사이트 '다음'의 카페 검색을 보면 연예인 팬클럽 카페가 822개, 네이버 팬 카페에는 585개나 된다(2010년 1월 10일 기준). 팬의 범위는 과거 십 대 중심에서 지금은 사오십 대까지 광범위하다. 팬 카페는 연예인을 좋아하는 사람들이 모여 정보 – 이미지, 포토샵으로 만든 팬시, 사진 등 – 를 공유하는 자유로운 공간이다.

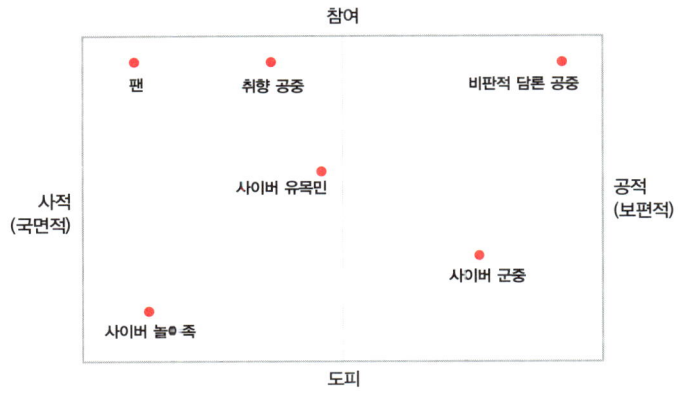

그림 1-2 가상공간과 사이버 공동체

과거에 팬이라는 용어는 대체로 부정적 의미로 사용되었다. 우리 사회에서 여성 팬을 '빠순이'라고 부르기도 하는데, 이것은 가부장 지배 문화가 드러내는 부정적 시각이다. 그러나 팬의 개념은 과거 '무분별한', '열광하는', '감정적인'과 같은 의미에서 '참여하는', '생산하는' 등과 같은 긍정적 의미로 바뀌었다.

팬 현상은 과거에도 대중문화 산업과 연결되어 있었지만[4], 한국 사회에서 팬 현상이 본격적으로 관심의 대상이 된 것은 1992년 '서태지와 아이들'의 등장 이후부터다. 1990년대 중반 대중문화 산업에서 기획사의 영향력이 커지고 십 대나 이십 대들을 대상으로 아이돌 스타가 부상하면서 팬덤 현상이 하나의 문화 현상으로 나타났다.

공식 팬 카페뿐만 아니라 수많은 비공식 팬 카페와 연예인들이 대상이 되는 팬픽 카페 등을 포함하면 팬 회원 수는 상상을 초월한다. 정민우·이나영(2009)은 1990년대 후반에 등장해 2000년대 초중반까지 활동했던 팬클럽(H.O.T, 젝스키스, S.E.S, 신화, 핑클, god 등)을 '1세대'로, 2000년대 중후반 이후부터 현재까지 활동 중인 아이돌 스타 팬클럽(동방신기, SS501, 슈퍼주니

---

[4] 아마도 한국 최초의 팬클럽은 1969년 클리프 리처드(Cliff Richard) 팬클럽 모임인 'Cliff Fan Club'이 아니었을까 싶다. 이들은 클리프 리처드 한국 공연을 앞두고 집단적 모임을 가졌고, 공항에 마중을 나가기도 했다.

표 1-1 아이돌 스타 팬 카페와 회원 수

팬카페	가수	회원 수	주간방문자
유애루비	동방신기	792,019	184,078
빅뱅	빅뱅	373,953	49,876
화수은화	소녀시대	290,863	235,140
Hottest	2PM	268,460	166,291
온새미로	슈퍼주니어	204,669	95,514

자료: 미디어 다음 디렉토리 통계(2010.1.5)

어, 빅뱅, 원더걸스, 소녀시대, 2PM 등)을 '2세대' 팬클럽으로 구분한다. 2세대 팬들은 유동적인 팬 정체성(경쟁 관계인 빅뱅, 샤이니, 2FM의 팬 활동을 동시에 하는 것)을 보여주며, 십 대 중심의 활동을 넘어 '누나'나 '엄마'의 위치에서도 팬 활동을 한다. 인터넷이 팬 활동을 활성화하는 중요한 공간이라는 점은 두말할 나위가 없다.

가상공간은 다양한 취미를 가진 공동체로 구성되어 있다. 패션, 화장, 음식, 여행, 스포츠, 여행, 자동차 등 이용자들의 활동 범위는 매우 다양하다. 이들은 개인 관심사나 흥밋거리에 몰입한다는 점에서 사적 측면이 강하지만 참여성도 높은 편이다. 이들은 취미 활동으로 필요한 정보를 얻으며 함께 공유하고, 이런 활동은 일상생활의 중요한 부분을 구성한다. 이와 같은 인터넷 이용자들을 '취향 공중' taste public이라고 부를 수 있다.

다양한 문화 산물을 선택하는 가치와 기준은 취향 문화taste culture 의 근저를 이루고, 공통의 가치나 기준을 갖고 서로 유사한 문화 산물을 선택하는 사람들이 취향 문화의 공중인 '취향 공중'이다. 여러 종류의 상이한 취향 문화들과 취향 공중들이 존재하는 까닭은 심미적 기준과 가치가 다양하게 있으며 심미적으로 다른 견해들이 있을 수 있기 때문이다.(Gans, 1977/1997, 102쪽)

갠스Gans, 1977는 고급문화와 대중문화라는 이분법적 구분을 거부하면서 모든 인간은 심미적 충동을 갖고 있다고 지적한다. 심미적 충동은 자신의 소망이나 바람에 대한 상징적 표현들을 받아들이거나 사회에 대한 지식과 소망을 성취하고자 하는 욕구, 그리고 일상적인 일에서 벗어나 자유로운 시간을 보내기를 바라는 욕망이다. 수용자는 자신의 취미를 구성하는 데 있어서 아무거나 선택하는 것이 아니라 그들의 가치관이나 심미적 기준을 개입시킨다. 인터넷 공간은 다양한 취미들을 가진 취향 공중이 자신들만의 취향 문화를 만들어가는 장소다.

인터넷 공간에서 주목받는 형식은 싸이월드와 미니홈피, 블로그, UCC 등이다. 미니홈피나 블로그를 만드는 1인 미디어 운영자들이 증가하고 있다. 이들을 '사이버 유목민'cyber nomad이라고 부를 수 있다. 사이버 유목민은 사적, 공적 관계 사이에 있으며, 도피적이면서도 참여적인 위치에 서 있다. 사이버 유목민들은 자신들의 개성과 취미에 맞는 미니홈피나 블로그를 운영하는데, 자기표현, 남 엿보기, 사회적 관계 맺기, 경험의 공유를 통하여 자신만의 공간을 만든다.

윌리엄스Williams는 현대 문화의 특징을 '이동적 사유화' mobile privatization라고 주장한다. 이동성은 "새로운 장소를 보고 싶어 하고 밖으로 나가고 싶어 하는 욕망"이며 사유화는 "새로운 접촉을 위해서 필요한 욕구나 결과로서 얻어지는 성취나 반응"(Williams, 1990, pp.26~27)이다. 인터넷 공간에서 나타나는 1인 미디어 형식은 '일촌 맺기'나 '파도타기'에서 보듯이 이동성을 강하게 표출한다. 동시에 1인 미디어는 사유화된 매체다. 이들이 유목민적 특성을 보이는 것은 정서적 이동성에 있다. 자기표현에 집중하면서도 끊임없이 타자와 관계를 맺고자 하기 때문이다. 이들은 1인 미디어로 타자와 만나고 문화를 공유하지만, 그 자체에 머무는 것이 아니라 지속적으로 새로운 관계를 맺어 간다.

사이버 놀이족cyber ludic tribe은 공적 관계에 관심을 기울이기보다 사적 관계에 대한 관심이 높으며, 참여적이기보다 도피적인 특성을 보이는 집단이다. 인터넷에서 오락에 많은 시간을 할애하는 집단을 사이버 놀이족이라고 브를 수 있다. 인터넷 게임에 몰입하거나 '싸이질'에 빠져 있는 싸이홀릭들도 사이버 놀이족에 속한다. 사이버 놀이족의 극단적 모습은 인터넷 중독이나 은둔형 외톨이를 지칭하는 '히키코모리'ひきこもる[5]로 나타난다. '히키코므리'는 극단적인 도피형으로 그림 1-2의 3

사분면에서 왼쪽 맨 아래에 위치한다.

비판적 담론 공중critical discursive publics은 2002년 이후 우리 사회에 등장한 새로운 집합적 주체다. 이준웅(2005)은 인터넷을 통한 시민적 참여가 확대되고 2002년 제16대 대통령 선거 및 2004년 탄핵 정국과 총선 정국을 거치면서 비판적 담론이 증가했고, 이에 따라서 새로운 공중이 출현했다는 점에 주목한다.[6]

2002년을 계기로 한국 사회에서 진보와 보수라는 이념 갈등이 첨예화되었고, 이와 관련해서 진보에 대한 보수의 비판, 보수에 대한 진보의 비판이 확대되었다. 담론 갈등은 진보적 성향의 인터넷 미디어의 활성화로 확장되었다. 이 과정에서 등장한 집단이 비판적 담론 공중이다. 여기서 말하는 비판적 담론 공중은 정치적 지향점에서 진보진영만을 의미하는 것이 아니라, 보수진영 역시 포함한다.

사이버 군중cyber mobs은 공적 관심은 높지만, 이를 자신의 입장을 정당화하는 방식으로만 전유하려 한다. 이들은 온라인을 효과적으로 활용하여 자신의 정치적 목표를 실현하고자 한

---

5 은둔형 외톨이를 의미하는 '히키코모리'(ひきこもり)는 '방 안에 틀어박히다'라는 뜻의 일본어 '히키코모루'(ひきこもる)의 명사형이다. 일본에서는 1970년대 등교를 거부하는 청소년을 지칭하는 말이었지만, 지금은 사회적 관계를 거부하고 집이나 방 안에서 나오지 않는 사람들을 가리키는 용어로 의미가 확대되었다. 비슷한 용어로 코쿤(cocoon)이 있다. 코쿤은 누에고치를 빗댄 말로 불확실한 사회에서 보호받고자 타인과의 접속을 거부하고 외부와 단절을 선언한 사람들이다.

다는 점에서 '영리한 군중'smart mobs(Rheingold, 2002)의 성격과 유사하다. 인터넷 공간에서 벌어지는 토론의 경우 특정 견해를 지지하거나 반대하는 사람들이 모여 상호작용하기보다 자신의 입장을 지지하는 쪽의 정보만을 선택하거나 참여함으로써 다양한 의견 교환을 이루지 않는 경향이 있다. 사이버 군중은 공적 관심은 높지만, 담론의 상호교류를 통해서 비판적으로 참여하기보다 자신의 입장을 강화한다는 점에서 정치적 도피 성향을 띠고 있다.

가상공간과 사이버 공동체와 관련하여 가설적으로 여섯 가지 집단의 유형을 살펴보았다. 그러나 여기서 중요한 것은 인터넷 참여자들이 단일한 개인이 아니라 '유랑하는 자아들의 집합체'로서의 개인이라는 점이다. 이것은 한 개인이 하나의 공동체 위치에

---

6   이준웅(2005)은 비판적 담론 공중은 정치권력의 변화 과정에서 년을 기점으로 언론에 대한 공정성 요구가 증가하면서 등장했다고 말한다. 또한, 비판적 담론 공중은 이념적 쟁론을 통해 상대방을 공격하고 자신이 반대하는 데는 성공했지만, 정파 간에 합의 가능한 담론적 규범을 구성하는 데는 실패하고 있다는 점에서 부정적 계기에서 벗어나지 못하고 있다고 주장한다. 그러나 이준웅·김은미(2006)는 '다음'에 설치된 '17대 총선 핫 이슈 토론광장' 분석을 통해서 '비판적 담론 공중'을 단지 주장만 하는 공중이 아니라 경청하면서 주장하는 공중으로 재정의한다. 사실상 '비판적 담론 공중'이 언론에 대한 공정성 요구로 등장했다는 주장은 무리가 있다. 왜냐하면, 이는 한국 사회 커뮤니케이션 구조와 관련되어 있는 것이지 단지 언론의 공정성 문제에 국한되는 것이 아니기 때문이다. 그러나 여기서 논의하는 비판적 담론 공중은 포괄적으로 사회, 정치, 제도 등과 관련하여 합리적, 비판적 담론을 만들어내는 공중 전체를 의미한다.

국한되지 않는다는 것을 의미한다. 예를 들어, 취향 공중은 자신만의 정보나 취미에 국한되기보다 특정 국면적 상황에서 비판적 담론 공중으로 위치를 차지하거나 사이버 군중으로 변화될 수 있기 때문이다. 이것은 팬클럽 회원도 마찬가지다. 이들은 특정 스타나 정치인 혹은 유명인의 팬클럽으로 활동하지만, 특정 국면에서는 다른 자아의 위치를 가질 수 있다.

02 인터넷 게릴라와 놀이족

온라인 뉴스 게릴라

초고속 인터넷 가입자가 2,000만 명을 돌파한 2002년 전후로 시기별 대표적 인터넷 참여 양상을 보면, 우선 온라인 저널리즘의 부상을 들 수 있다.

1998년 7월 6일 김어준이 창간한 온라인 패러디 신문 〈딴지일보 www.ddanzi.com〉는 중요한 계기를 제공했다. 〈딴지일보〉는 은어와 비속어 등을 과감히 사용하고 패러디를 주요한 형식으로 구사하면서 당시 인터넷을 주도하던 이삼십 대의 호응을 얻었다.

> 본지는 한국 농담을 능가하여 B급 오락 영화 수준을 지향하는 초절정 하이코메디 씨니컬 패러디 황색 싸이비 싸이버 루머 저널이며, 인류의 원초적인 본능인 먹고 싸는 문제에 대한 철학적 고찰과

우끼고 자빠진 각종 사회 비리에 처절한 똥침을 날리는 것을 임무로 삼는다. 방금 소개말에서도 눈치 챌 수 있듯이, 본지의 유일한 경쟁지는 선데이 서울, 기타 어떠한 매체와의 비교도 단호히 거부한다.(〈딴지일보〉 대문)

〈딴지일보〉는 1998년 대선에서 이회창과 김영삼의 뉴스 패러디 및 사진 패러디를 웹에 게재함으로써 선풍적인 인기를 끌었고 초기 독자층과 필진을 확보했다. 〈딴지일보〉의 패러디 소재는 정치와 성性인데 풍자적인 합성 사진과 저속한 말투를 곁들여 패러디의 붐도 불러 일으켰다. 1990년대 말에서 2000년대 초반에 유행했던 '엽기 신드롬'은 〈딴지일보〉로 확대되었다. 〈딴지일보〉는 기존 저널리즘의 권위에 도전하면서 폭로와 저항을 표방하는 대안 매체로 부상했다. 〈딴지일보〉가 표현 형식의 변화를 통해 온라인 저널리즘의 새로운 실천으로 등장했다면, 〈오마이뉴스〉는 뉴스의 생산과 소통 구조를 새롭게 하면서 네티즌의 주목을 받았다.

〈오마이뉴스〉는 2000년 2월 22일, 20세기 한국 신문 문화와 결별하고 새로운 신문 문화를 만든다는 기치 아래 창간되었다. 〈오마이뉴스〉의 사시는 '뉴스 게릴라들의 뉴스 연대'이다. '모든 시민이 기자'라는 기치를 내걸고 직업 기자에 의한 심층 취재 뉴스와 일반 시민 기자에 의한 생활 체험 뉴스를 5:5 비율로 편집하는 등 기자의 문턱을 없애고, 기사의 형식과 내용을 파괴했다. 시민 기자의 활용은 새로운 형식으로 적지 않은 파

그림 1-3 〈딴지일보〉가 정치와 성에 대한 풍자와 패러디를 통해 제도화된 권력에 대한 게릴라 전술을 보여주었다면, 〈오마이뉴스〉는 뉴스 게릴라들의 연대를 통해서 미디어 권력에 도전했다.

급력을 발휘했다. 전문 기자들은 전문 영역을 중심으로 심층보도를 하고, 시민 기자는 일상에서 일어나는 여러 사건과 사고들을 취재하고 신속하게 실시간으로 업데이트하여 보도했다.

창간 초기 〈오마이뉴스〉가 기존 신문과 다른 형식의 기사 쓰기로 독자들의 폭발적 반응을 일으킨 사례는 '고대 YS 농성 현장 17시간 생중계'(2000년 10월 13일 자)다. 당시 고려대 재학생인 시민 기자는 "내일 13일 김영삼 전 대통령이 대통령학을 강의하기 위해 고려대학교에 오는데 총학생회 측은 YS의 고대 정문 출입을 봉쇄하려고 한다"는 기사를 올렸고, 13일 〈오마이뉴스〉 상근 기자와 시민 기자들이 사건 현장에 나가서 상황을 전달하는 형식으로 보도했다. 이 보도는 오전 8시의 1신을 시작으로 다음날 새벽 1시 30분 24신으로 끝났다. 거의 30분 간격으로 중계되는 기사에 대한 독자의 반응은 폭발적이었다. 2004년, 〈오마이뉴스〉 시민 기자의 수는 3만 4천여 명이나 되었다(오연호, 2004).

〈오마이뉴스〉는 2002년 여중생 추모 촛불집회를 제안(2002년 11월 29일 자)하여 촛불 문화를 만드는 데 기여했다. 2002년 대선 전야 정동준이 노무현 지지를 철회하자 〈오마이뉴스〉는 삽시간에 노 후보 지지 운동 공간으로 돌변했다. 정몽준 관련 기사는 밤사이 약 열 시간 동안 57만 건의 조회수에 도달했고, 대선 당일 〈오마이뉴스〉의 전체 페이지뷰가 2천만 쪽에 육박하는 등 경이적인 접속 수를 기록했다(오연호, 2003, 116~117쪽). 2008년 촛불집회에서는 생중계하는 오마이 TV에 방송 장비를 마련하라며 자발적 시청료내기 운동이 일어난 결과, 모금액이 8일 만에 1억 원에 돌파했다.

2002년 전후 온라인상에서 나타난 '논객 사이트'도 주목받을 만하다. 논객 사이트는 주요 정치적 이슈가 등장할 때마다 대안적 공론을 주도하는 곳으로, 진보와 보수에 이르는 이념적 스펙트럼을 가지고 있지만, 대체로 진보가 주도한다. 최근 들

그림 1-4 가상공간에서 시기별 인터넷 참여 문화 현상

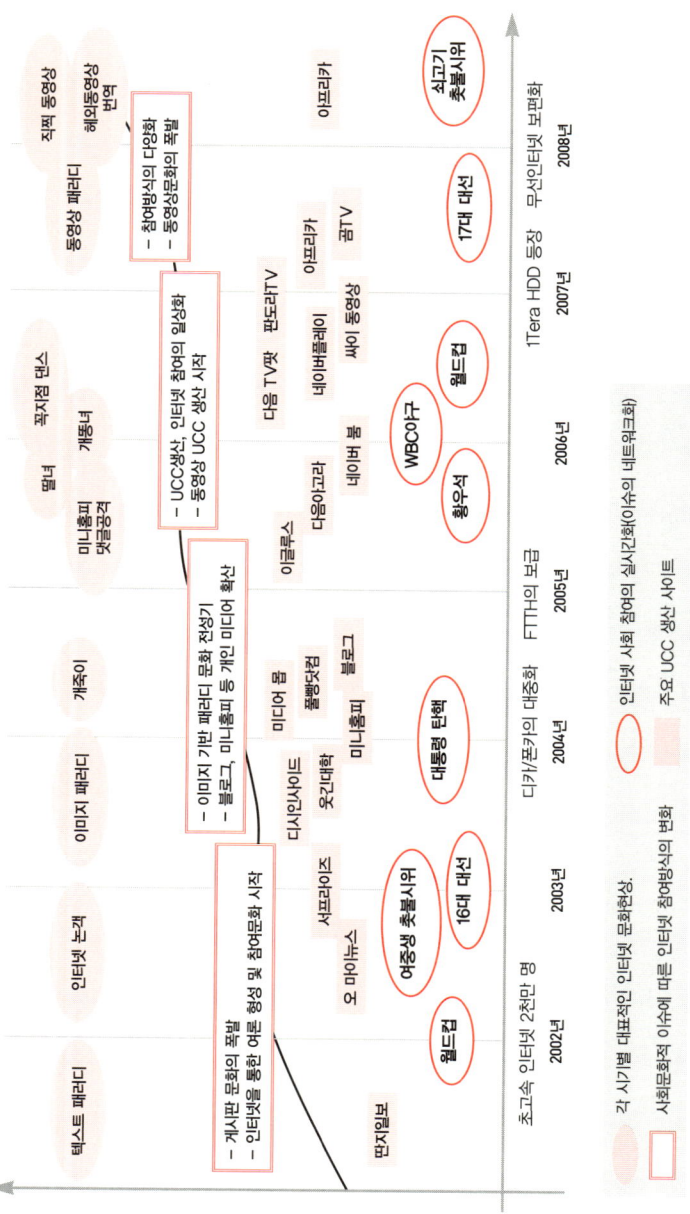

이원태(2009), 인터넷 참여 문화 선진화를 위한 정책과제 발표문

어 논객 사이트의 영향력은 약화되고 있지만, 2004년 전후 논객 사이트는 활성화되었다.[7] 논객 사이트가 온라인 저널리즘과 다른 양상을 보이는 점은 논객이라는 전문적 글쓰기 집단을 중심으로 대대적으로 정치 담론을 만들어낸다는 것이다.

장우영(2005)은 논객 사이트의 특징을 '정치의제 집중'과 '당파적 글쓰기'라고 지적한다. 논객 사이트들은 '대안적 공론영역'alternative public sphere으로 주류 언론에 대한 반헤게모니 진지전을 수행하는 운동 공간이었다. 논객들은 다양한 주제를 섭렵하기보다 정치 현안에 집중하여 담론을 수행한다. 더욱이 글쓰기에 있어 중립성의 규범을 부정하고 자신의 정치적 목표에 맞는 당파성을 추구한다. 논객 사이트 게시판은 논객들의 글을 특화해서 배열하되, 네티즌에게도 원문이나 댓글을 올릴 수 있는 수평적 지위를 부여한다. 대중과 지식인의 고정적 경계를 허무는 담론 생산과 소통의 메커니즘이 구현된 구조다. 논객 사이트는 당파별로 공동체를 형성하며 정치적 입장이 다

---

[7] 2004년 전후 주요 논객 사이트로는 〈중프라이즈〉(joongprise.com), 〈업코리아〉(upkorea.com), 〈서프라이즈〉(seoprise.com), 〈동프라이즈〉(dongprise.com), 〈남프라이즈〉(namprise.com), 〈신데렐라〉(xinderella.com), 〈이너모스트〉(innermost.org), 〈스탠딩〉(standing.co.kr), 〈진보누리〉(jinbonuri.com), 〈불온이스크라〉(buloniskra.com) 등이 있었다. 〈중프라이즈〉외 〈업코리아〉는 중도를 표방하고, 나머지는 진보적 시각에 서 있다(장우영, 2005). 그러나 현재 이들 논객 사이트는 대부분 사라졌다. 〈서프라이즈〉와 〈이너모스트〉 등 일부가 남아있지만 2004년 전후만큼 영향력을 행사하지 못하고 있다.

른 논객 사이트들과 연대 또는 대립을 통해 공진화했다.

하지만 2000년대 중후반에 들어서자 이런 논객 사이트 대부분이 영향력을 상실하거나 상당수 사라졌다. 아마도 이에 대한 해답은 〈서프라이즈〉의 분화 과정에서 찾아볼 수 있겠다.

〈서프라이즈〉는 2002년 10월 13일 노무현 후보를 지지하는 논객들에 의해 개설되었다. 그러나 노무현 정부의 출범 이후 〈서프라이즈〉는 정책과 노선을 둘러싼 인식의 차이로 분화를 겪었다. 〈서프라이즈〉 내 민주당 지지층은 이탈하여 〈동프라이즈〉를 개설했다. 〈동프라이즈〉는 '영남 패권주의와 호남 소외론'을 중심으로 담론을 구성해갔지만, 호남 소외론을 호남 지역주의로 역비판하는 글들이 올라오자 웹사이트 운영자는 운영을 포기했다. 여기에 민주당 개혁 논쟁이 확장되자 전통적 민주당 지지 집단은 〈남프라이즈〉를 개설했다.

논객 사이트는 당파적 글쓰기를 중심으로 진행되었지만, 지나친 당파성으로 분화되면서 네티즌의 관심을 끄는 데 실패했다. 이것은 논객 사이트가 상호작용을 통한 합리적인 공론 영역을 만들지 못했다는 것을 의미한다. 특정한 정치적 지향성을 가진 사람들만의 공간으로 사이트의 성격이 축소되면서 좁아지면서 자위적인 글쓰기 공간으로 변형되었기 때문이다. 따라서 담론이 토론의 공간이 아닌 배타적 공간을 제공함으로써 영향력이 약화될 수밖에 없었다.

촉각과 즉시성

인터넷 가상공간에서 텍스트에서 이미지로의 전환이 대중화하기 시작한 시기는 2004년 전후다. 이미지를 기반으로 하는 패러디 문화가 확대되고, 미니홈피와 블로그 등 1인 미디어가 일반적인 현상으로 자리 잡았다. 이 같은 인터넷 문화 현상이 부상하게 된 데는 두 가지가 이유가 있었다. 하나는 디지털 카메라나 폰카의 대중화이고 다른 하나는 미니홈피, 블로그의 확산이다.

디지털 카메라는 인터넷 공간을 더욱 풍요롭게 만들었다. '디카 세대' 혹은 '디카족'으로 불리는 집단들도 등장했다. 이들은 디지털 카메라 사용을 일상화하고 인터넷 공동체를 통해 자신만의 새로운 문화를 구성한다. 디카족은 '디시인사이드'를 중심으로 확대되었고, 미니홈피나 블로그 같은 1인 미디어 공간을 활성화했다. 이들은 가상공간을 자신들을 드러내는 욕망의 공간으로 만들었다. 디지털 사진을 활용하여 만든 새로운 형식의 문화는 디카 세대의 감성, 열망, 라이프스타일, 문화적 창조성을 반영하면서 스스로 정체성을 구성해갔다.

디지털 카메라 시장은 해마다 두 배 가까이 성장해왔다. 1999년 시장 규모는 연간 4만 대 정도에 불과했지만, 2000년에는 12만 대, 2001년 24만 대, 2002년 40만 대, 2003년 87만 대, 2004년 140만 대, 2005년 200만 대 등으로 계속 고속 성장했다.

디카족은 디지털 카메라로 주변을 찍고 싸이월드나 블로그에 올린다. 맛있는 음식을 먹거나 멋진 곳을 여행할 때면 디지털 카메라로 그것을 찍어 정보를 공유한다. 디지털 카메라로 생산된 이미지는 문자언어로 표현할 수 없는 생생함을 담아 블로그의 인기를 높여주었다. 디지털 카메라가 대중화되지 않았다면, 싸이월드나 블로그가 지금처럼 호응을 얻지 못했을 것이다.

　디지털 카메라의 대중화는 사진의 의미도 바꾸었다. 벤야민Benjamin,1983은 '기술복제 시대의 예술 작품'에서 사진이 어떻게 예술의 권위를 해체하면서 새로운 미학을 만들어내는지 독창적으로 해석했다. 복제기술의 등장으로 예술의 '고유성'originality 개념은 무너지고, 이미지는 주어진 공간에서 이동했다. 기술 복제는 아우라aura의 파괴를 통해서 사물의 일회적 성격(명화는 하나 밖에 없기 때문에)이 극복되었고, 인간이 사물을 공간으로부터 자신에게로 끌어오게 되었다는 것이다. 기술복제는 예술 작품의 '일회성'과 '지속성'이란 가치를 '반복성'과 '일시성'이라는 개념으로 대체했다.

　적어도 벤야민이 살았던 시대에 그의 주장은 설득력이 있다. 그러나 디지털 카메라의 대중화는 사진이 갖는 의미 자체를 다른 방향으로 변화시켰다. 디지털 카메라는 모든 사람을 이미지 생산자로 만들었으며, 무엇보다도 중요한 '촉각의 세계'를 확장했다. 이제 디지털 카메라는 단순히 '기계'가 아니라

그림 1-5 디지털 카메라는 손의 연장이다. 우리가 만지고 싶은 것들, 느끼고 싶은 것들은 디지털 카메라에 담긴다.

'내 손'의 연장으로 신체 일부가 되었다. 우리가 만지고 싶은 것들, 감각을 느끼고 싶은 것들은 디지털 카메라의 포커스에 잡힌다. 더욱이 그것은 일시성을 넘어서 '즉각성'을 표현한다. 즉시성은 디지털 카메라로 찍는 사람들의 주관적 감각을 최대한 표현해낸다. 디지털 카메라가 만들어내는 촉각의 세계, 즉시성의 세계, 주관적 감각의 세계는 '기록으로서의 증언'을 넘어서서 새로운 커뮤니케이션 양식을 만들어낸다. 폰카도 마찬가지다.[8] 디지털 카메라와 폰카가 대중화됨에 따라 사용자는 개인의 생활을 자신의 집이자 방인 미니홈피나 블로그에 공개함으로써 타자와 공유한다.

'나만의 집' 만들기

1인 미디어로 불리는 미니홈피나 블로그는 놀이의 공간이다. 개인들은 미니홈피를 장식하며 놀고, 관계를 맺으면서 놀이를 확장한다. 블로그는 일차적으로 혼자 즐기는 도구이지만, 개인적 놀이에만 머무르는 것이 아니라 공유의 즐거움을 추구한다.

싸이월드는 1999년 설립되어 2001년 9월부터 미니홈피 서비스를 시작했고, 2003년 8월에는 SK커뮤니케이션즈와 합병하면서 급속히 성장했다. 싸이월드는 2004년 1,000만 명을 시작으로 2005년 1,200만 명, 2006년 1,700만 명, 2007년 2,000만 명, 2008년 2,300만 명까지 회원 수를 늘렸다. 싸이월드는 2000년 11월 〈한국일보〉 선정 하반기 히트 웹사이트로 선정될 정도로 초창기부터 선풍적 인기를 끌었다. 2004년 4월부터는 모바일 싸이월드 서비스까지 오픈함으로써 컴퓨터 서비스뿐만 아니라 핸드폰을 통해 싸이월드에 접속할 수 있게 되었다.

---

8 핸드폰은 디지털 카메라보다 더 영향력 있게 우리의 일상생활을 재구성한다. 핸드폰은 일상생활을 '공간 중심적 조직화'에서 '시간 중심적 조직화'로 전환시켰다. 핸드폰은 '죽은 시간', '잃어버린 시간', '중지된 시간', '빈 시간', '틈새 시간'을 그냥 내버려두거나 '죽이지 않고', '유용한' 시간, '유익한' 시간으로 전환한다. 그린(Green, 2002)은 죽은 시간, 즉 비생산적인 시간을 생산적인 시간으로 전환하여 상품화하는 모바일 미디어를 죽은 라자로를 되살린 예수의 기적에 빗대어 '라자로 장치'(Lazarus devices)라 부르는데, 이런 점에서 핸드폰의 시간은 '라자로의 시간'이다(이재현, 2004, 105쪽). 핸드폰으로 찍힌 즉시성의 시간, 촉각의 시간도 '라자로의 시간'이라고 볼 수 있다.

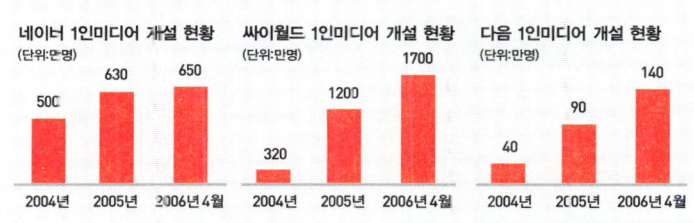

자료 : 〈머니투데이〉, 2006년 5월 18일 자

그림 1-6 1인 미디어 개설 현황

1인 미디어 개설은 2004년을 전후로 급속히 증가했다. 2006년 1인 미디어 개설은 네이버 650만 명, 싸이월드 1,700만 명, 다음 140만 명이었다. 2002년 10월 프리챌이 유료화를 선언하자 네티즌들은 싸이월드로 대거 이동했다.

싸이월드의 강점은 자신만의 개성을 살린 홈페이지를 만드는 데 좋이하다는 점이다. 싸이월드는 완성형 개인 홈페이지를 무료로 제공하기 때문이다. 스크랩 기능과 맞물려 그림 다운로드도 편리해졌다. 이전에는 그림을 다운로드하려면 일정 시간이 걸리거나 저장에 어려움이 있었지만, 현재는 싸이월드 운영자가 스크랩 아이콘을 클릭하면 쉽게 그림을 다운로드하고 활용할 수 있도록 보완되었다.

싸이월드의 특징은 세 가지로 요약될 수 있다. 첫째, 그룹 중심이 아닌 '나' 중심의 서비스다. 기존 '다음'이나 '프리챌' 커뮤니티 서비스는 비슷한 관심사를 가진 사람들 사이에 서로 필요한 정보를 올리고 다운로드하는 온라인 활동과 오프라인 미팅을 통해서 직접적인 인간관계를 맺게 했다. 그러나 싸이월드는 집단이 아닌 나, 즉 개인 중심의 표현 공간이다. 싸이월드는 나를 중심으로 다른 사람과 네트워크로 연결되어 있다. 나의 미니홈피를 꾸미고 다른 사람의 미니홈피를 방문하여 글을 남기며 재미있는 사진 등을 자연스럽게 교류한다.

  둘째, 타인과의 교류를 통해 인맥의 외연을 넓힐 수 있다. 이것은 싸이월드의 독특한 시스템인 '일촌 맺기'와 '파도타기'로 이루어진다. 일촌은 너와 내가 가깝다는 뜻이고 그만큼 서로에게 충실하고 자주 들르면서 커뮤니케이션을 하겠다는 약속이다. 파도타기는 자신의 홈피에 방문한 사람들의 홈피에 방문하는 것이다. 싸이월드 운영자는 타인(방문자)의 주소를 외우거나 즐겨찾기를 할 필요가 없다. 본인이 방문자의 홈피를 방문하고자 할 경우 방문자 게시물 작성자의 이름만 클릭하면 곧바로 그 사람의 홈피로 연결되기 때문이다. 파도타기는 사람과의 관계를 넓혀가는 데 있어서 중요한 역할을 담당한다.

  셋째, 운영자는 '도토리'로 불리는 사이버 머니를 가지고 아이템 구입하고 선물을 전달하면서 재미를 느낀다. 하지만 돈만 있다고 모든 디지털 아이템을 살 수 있는 것이 아니다. 어떤 디지털 아이템은 선물을 받아야만 소유할 수 있다. 운영자가 싸이월드에서 좋은 '인간관계'를 맺어야만 선물을 받을 수 있다는 의미다.

그림 1-7 싸이월드 홈페이지 : 싸이월드는 '나' 중심의 놀이지만, 가상의 집에 살고 있다는 불안감은 파도타기나 일촌맺기 등을 통해 관계를 세상 밖으로 확장하게 만든다.

싸이월드 가입자가 1,000만 명을 넘어서자 〈중앙일보〉는 다음과 같이 성공 요인을 기술했다.

1999년 9월 한국과학기술원 동아리방 멤버들이 '사이좋은 사람'이 란 모토로 시작한 싸이월드, 현재의 가입자는 약 1,100만 명, 즉 한국인 네 명 중 한 명이 싸이월드 미니홈피를 갖고 있고 이십 대의 90퍼센트가 싸이월드의 회원인 실정이다. 또한, 요즘은 자체 화폐인 도토리를 팔아 하루 약 1억 5천만 원의 매출을 올리는 '꽤 잘나가는' 닷컴이 되었다. 그렇다면 이러한 싸이월드 그 성공 비결은 무엇일까? 일단 싸이월드는 사람들이 원하는 것을 크게 세 가지로 분석했다. 그 첫째가 오늘날 사람들은 남의 것을 그대로 베끼는 다운로드가 아니라 '자기표현'에 심한 갈증을 느끼고 있다고 생각했고, 둘째는 기성보다는 감성을, 마지막으로는 온라인이냐 오프라인이냐에 상관없이 사람들은 네트워크 관리, 즉 인맥관리를 절실하게 원한다고 판단했다. 그래서 이런 것을 기본으로 '사람이 인터넷 비즈니스의 핵심이다'라는 원칙 아래 운영한 것이 그 성공 요인이라 할 수 있겠다.(〈중앙일보〉, 2006년 8월 8일 자)

미니홈피와 함께 부상한 블로그[9]도 주목할 필요가 있다. 블로그의 가장 큰 장점은 만든 사람이 직접 자신의 관심 정보를 올린다는 것이다. 기존의 인터넷 포털이 많은 정보를 제공해주기는 하지만 각 개인이 원하는 모든 정보를 제공하기 어렵다. 블로그는 자신이 원하는 정보를 수집해서 모아두었다가 특정 사람들 혹은 불특정 다수에게 공개할 수 있으며, 또 코멘트를 달아 자신의 생각도 전달할 수 있다. 이렇게 '정보 서비스'의 측면이 부각되는 특성 때문에 블로그가 한때만의 유행일 것이라는 우려가 있었지만 여전히 진화하고 있다. 블로그는 일기 형식으로 글이 배열되기 때문에 자신의 일상을 기록하는 일종의 개인 다이어리 역할을 한다. 또한 블로그는 자신이 관심 있

---

[9] 블로그(blog)는 인터넷에서 자신의 관심사에 따라서 자유롭게 글을 올리는 개인 사이트를 지칭한다. 넓은 의미로 보면 미니홈피도 블로그의 한 형식이다. 블로그의 어원인 웹로그(weblog)라는 말은 존 바거(John Barger)가 1997년 12월에 처음 사용했는데, 블로그 사이트의 형식을 소개하면서 새로 올린 글이 맨 위로 올라가는 일지 방식이라는 점에 착안해 웹로그라는 이름을 붙였다. 이후 피터 마홀즈(Peter Merholz)가 자신의 사이트에서 'wee-blog(우리는 블로그 한다)'라고 사용했는데, 여기에서 'wee'를 제거하고 짧게 'blog'라는 말이 통용되기 시작했다(http://www.pserang.co.kr).

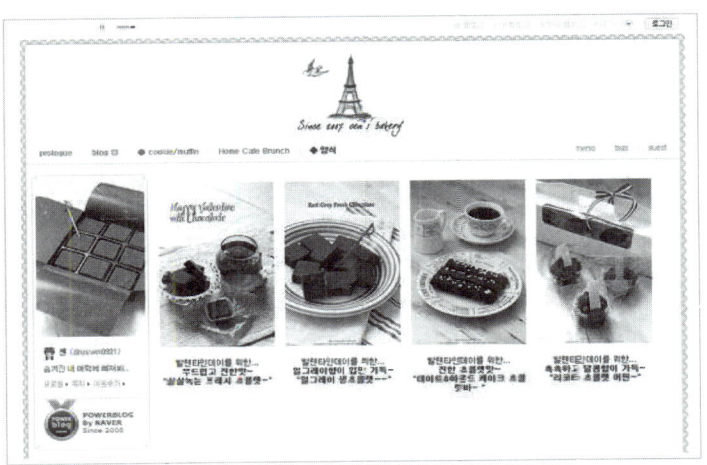

그림 1-8 요리 관련 파워 블로거 : 티스토리나 이글루스와 같은 전문 블로그 서비스가 인기를 끌면서 다양한 분야에서 파워블로거들이 등장하기 시작했다.

는 주제에 대한 정보를 스크랩하고 자신의 의견을 덧붙임으로써 일종의 '미디어' 기능도 수행한다(김지수, 2004, 19쪽).

블로그의 역할은 매우 다양하다. 정치, 경제, 문화 등의 쟁점에 대한 공론 기능을 수행하거나 자신의 취미 활동을 알리는 역할을 담당하고, 일대일 전자 상거래에도 활용된다. 기업은 자신의 회사 상품을 고객들에게 광고하는 데 활용하기도 한다. 파워 블로거들은 2000년대 중반 이후 대거 등장하기 시작했다.

언론은 2007년을 '블로그의 해'로 불렀다.[10] 그만큼 질적으

---

10 "올해는 '블로그의 해'… 신조어 쏟아져", 〈한국일보〉(2007년 12월 26일 자), "UCC·블로그 … 웹2.0 성장기", 〈디지털타임즈〉(2007년 12월 24일 자).

로 양적으로 성장이 두드러졌다. 2007년에는 '블로터'bloter라는 신조어도 등장했다. 블로터는 블로거blogger와 리포터reporter의 합성어로 기자의 신속함과 전문성을 동시에 갖춘 블로그 운영자를 지칭한다. 이글루스egloos나 티스토리tistory 등 전문 블로그 서비스들이 등장하면서 본격적인 블로터 시대가 열린 것이다. 티스토리나 이글루스 등 설치형 블로그들은 전문적이고 정제된 내용을 다루면서 블로그의 질적 향상을 가져왔다.

> 2007년 한 해 동안 국내 인터넷 시장에서 가장 큰 성장을 이룬 것은 블로그인 것으로 나타났다. 웹사이트 분석평가 전문업체인 '랭키닷컴'이 올 1월부터 11월까지 인터넷 산업의 주요 분야의 성장률을 비교한 결과, 티스토리닷컴, 이글루스 등 전문 블로그 사이트의 성장세가 각각 104퍼센트, 271퍼센트로 나타났다.(〈미디어 오늘〉, 2007년 12월 20일자)

2009년 방송통신위원회와 한국인터넷 진흥원이 제출한 《2009년 인터넷 이용실태조사》에 따르면, 우리나라 본인 블로그 이용률[11]은 44.6퍼센트였다. 또한 인터넷 이용자의 59.7퍼센트는 타인 블로그 이용자였다. 이십 대의 73.8퍼센트는 자신이 블로그를 운영한다.

---

[11] 이 조사에서 블로그는 넓은 개념으로 '미니홈피'도 포함하며, 블로그 운영자는 최근 1년 이내에 본인의 블로그를 방문하고 관리하는 개인을 의미한다.

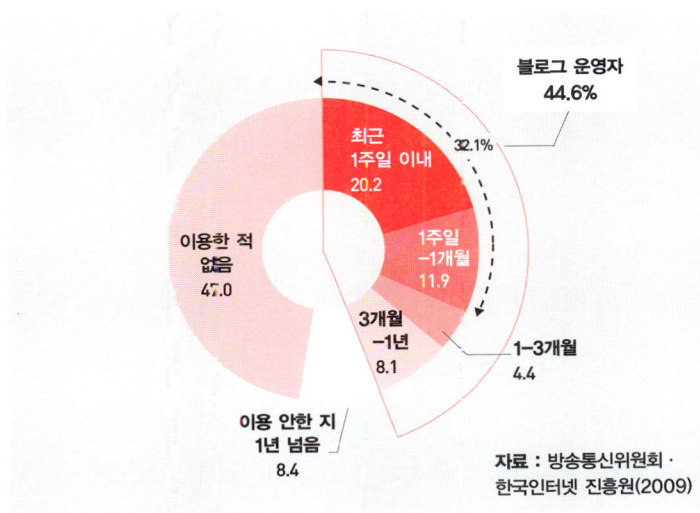

그림 1-9 최근 본인 블로그 운영 시기

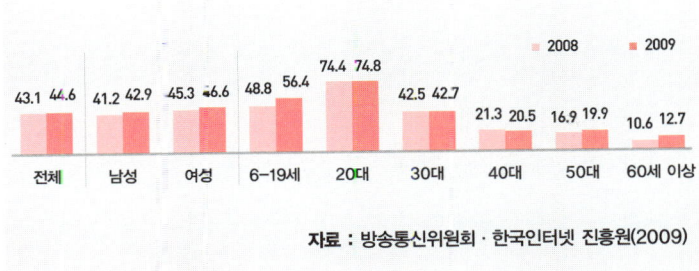

그림 1-10 본인 블로그 운영률(%)

블로그 이용 이유(복수응답)를 보면, '친교·교제를 위해서' (54.4%), '취미·여가 활동 또는 관심분야 정보를 얻기 위해서' (50.4%), '재미있거나 흥미로운 글, 사진, 동영상 등을 보기 위해서'(48.2%), '업무, 학업 등에 필요한 정보를 얻기 위해서' (33.1%) 등이다.

김예란(2004a)은 블로그(미니홈피 포함)의 구조와 관련하여 흥미롭게 '집'의 의미를 강조한다. 현대 사회에서 나타나는 이동과 정착의 모순적 질서가 공간화된 지점으로 '집'의 상징적 함의가 중요하다는 것이다. 홈페이지, 홈피, 룸, 방과 같은 용어들이 시사하듯, 가상공간에서 정보의 저장소가 정보 주체의 주거지와 비유된다. 미니홈피에서 일상적 삶의 공간은 '미니룸'의 이미지로 표현된다. 미니홈피의 주인은 미니룸의 방주인인 '미니미'다. 미니홈피는 펼쳐놓은 다이어리의 이미지로 표현되어 있고, 각 페이지마다 홈, 프로필, 다이어리, 주크박스, 미니룸, 사진첩, 갤러리, 게시판, 방명록, 즐겨찾기, 관리 등 구분이 책갈피로 표시되어 있다. 일촌 맺기는 가상의 집에서 타인과 가족 관계 맺기다. 파도타기를 통해 연속적으로 일촌을 맺으면서 관계를 확대시켜 나간다.

미니미들에게 가상의 집을 어떻게 꾸밀 것인가 하는 것은 중요하다. 우리가 현실에서 자신의 집이나 방을 아름답게 꾸미고자 하는 것처럼 사이버 머니를 가지고 아름답게 가상의 집을 꾸미고, 개인과 개인의 관계는 집과 집의 관계로 이어진다. 현실에서의 탈주는 가상의 집으로 정착하게 하고, 가상의 집에 살고 있다는 불안감은 새로운 관계 맺기를 통해 밖으로 확장해 나간다. 모순성이 심리적으로 보면 가상의 집에 집착하게 하는 요인이다. 이것은 빠르게 붕괴하는 현대 사회의 인간관계에 대한 불안 심리를 완화해준다. 물론 미니홈피나 블로그 문화가 모순적 환상에 간 의존하고 있지는 않다. 참여적이고 실천적인 문화들이 블로그라는 장치로 얼마든지 발현되기 때문이다. 그럼에도 가상의 집은 그들에게 여전히 달콤한 공간이고 안전한 장소다.

놀이와 참여

UCC는 이용자가 직접 제작한 콘텐츠로, 텍스트부터 동영상까지 다양하다. 일반적으로 UCC라 할 때는 개인이 직접 제작한 사진, 이미지, 동영상, 애니메이션, 플래시 등의 콘텐츠를 의미한다. 여기서 제작이라 함은 사진, 영화, 텔레비전 프로그램 등을 변형, 편집, 가공한 것을 의미하며, 텍스트 형태의 콘텐츠는 제외된다.

    UCC가 새로운 현상인가에 대해서는 논란의 여지가 있다. 인터넷의 역사가 UCC의 역사라고 할 정도로 인터넷 이용자가 제작한 콘텐츠 자체가 UCC의 한 형태이기 때문이다. 또 과거 소형 캠코더가 대중화되면서 홈비디오 형식으로 자신의 일상생활을 기록한 것들이 있기 때문이다. 하지만 UCC는 홈비디오와 달리 표현 방식에 있어서 다양한 변형이 있고[12], 수용 과정도 과거와 다르다. UCC는 기존 콘텐츠와 연속성에 있음은 분명하지만, 생산과 소비의 과정, 전달 과정이라는 측면에서 보면 새로운 현상이다.

    2000년대 중반 이후 UCC는 하나의 유행으로 확산되었다.

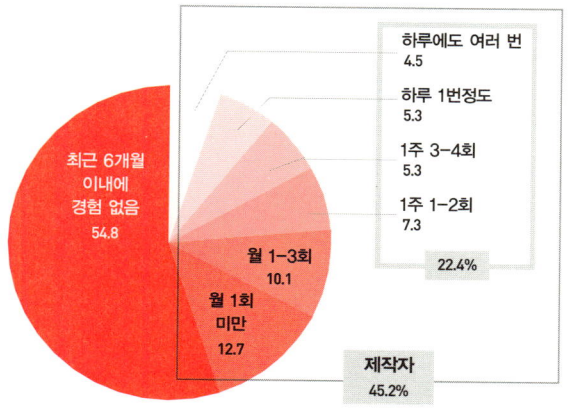

자료: 한국인터넷진흥원(2007)

그림 1-11 인터넷 멀티미디어 UCC 제작 빈도

한국인터넷진흥원(2007) 조사 결과에 따르면, 만 12세~49세 인터넷 이용자의 45.2퍼센트가 최근 6개월 이내에 인터넷 멀티미디어 UCC를 직접 제작하거나 가공, 변형, 편집하여 인터넷에 게시한 적이 있으며, 특히 22.4퍼센트는 주 1회 이상 제작하는 것으로 나타났다.

UCC 내용(복수응답)은 '가족, 친구, 연인'(51.0%), '연예인,

---

12 동영상 UCC는 하나의 범주로 묶기 어려울 정도로 다양한 표현 방식을 지닌다. UCC의 세부 유형으로 '순수하게 이용자의 독창성을 발휘하여 제작된 콘텐츠'(User Generated Contents), '기존에 존재하던 콘텐츠에 이용자의 의견을 첨가하거나 다른 소스 콘텐츠를 조합하여 변형시킨 콘텐츠'(User Modified Contents), '기존에 있던 다른 두 가지 이상의 콘텐츠를 조합하여 전혀 새로운 의미나 가치를 생산해 내는 콘텐츠'(User Recreated Contents) 등이 있다(김유진·이영희, 2007).

그림 1-12 UCC사이트 PANDORA.TV

방송연예 등 엔터테인먼트'(35.6%), '영화, 애니메이션'(35.6%), '음악'(33.5%), '정치 관련 뉴스'(14.7%) 등이다. UCC는 대체로 일상생활에서 놀이나 재미의 형태로 제조된다.

최민재(2007)는 국내 주요 동영상 UCC 전문 사이트와 포털 사이트에서 제공되는 UCC를 분석했는데, 기존 콘텐츠를 복제한 것보다 직접 제작된 동영상에 대한 선호도가 높았다. 또, 정보 콘텐츠보다는 오락 콘텐츠가 네 배 이상 많았다. 강재원·김은지(2009)의 연구도 유사하다. UCC 이용 동기로 '자기표현'을 포함한 '재미 추구'가 '정보 획득'보다 훨씬 앞섰다.

제작된 UCC는 그림 1-13과 같이 참여, 오락, 사적, 공적이라는 축으로 범주화할 수 있다. '저널리즘 유형'은 사회적으로 공적인 쟁점을 공론화하는 것을 목적으로 제작하는 콘텐츠

그림 1-13 멀티미디어 UCC의 범주

인데, 어느 정도 객관성을 유지한다. '시사 풍자 유형'은 저널리즘 유형과 마찬가지로 사회 문제를 다루지만 패러디의 형식을 주로 사용하면서 풍자와 웃음을 자아내는 콘텐츠를 말한다. 시사 풍자 유형은 상대적으로 저널리즘 유형보다 많이 제작되고 있다.

'취미나 정보 제공 유형'은 여행 명소, 요리, 연주, 학습, 업무 등과 관련된 콘텐츠다. 개인적인 취미나 관심거리가 주요 내용으로 제작된다. 2006년 세계적으로 인기를 끌었던 '임정현 기타 연주'는 취미나 정보 제공 유형에 속하는 대표적인 사례다. '재미 추구 유형'이 가장 많이 제작된다. 가족, 친구, 연인, 애완견 등 사적인 내용을 다루거나 영화, 애니메이션, 방송 연예 프로그램 등을 재구성하여 만든 콘텐츠다. UCC 콘텐츠는 놀이적 측면이 정보 제공/수용 측면보다 우세한 편이다.

댓글 : 논쟁과 놀이

네티즌은 인터넷 공간에서 누군가 올린 콘텐츠에 댓글을 달고, 다시 댓글의 댓글을 단다. 댓글 쓰기와 읽기는 토론의 공간이면서 놀이의 공간이다. 토론 공간에서 벌어지는 댓글 논쟁은 공론 영역을 확장하기도 하지만 상대방의 의견에 귀 기울이지 않는 귀머거리 간의 대화이기도 하다.

인터넷 댓글 쓰기는 '글쓰기'의 영역보다는 '말하기'의 영역에 가깝다. 문자라는 형식을 통해 전달되지만, 사실상 구술의 특성이 강하게 나타나기 때문이다.[13] 옹Ong,1982이 지적하는 구술 언어의 특성이 인터넷 댓글 쓰기에 거의 그대로 적용되는데, 댓글 쓰기 언어는 분석적이거나 추론적이지 않으며 논쟁적 어조를 띠고, 삶의 경험으로 구성되며 사고나 표현은 상황의존적인 경향이 있다. 인터넷 댓글은 문자 언어의 속성보다 말하기 언어의 속성에 가깝다.

댓글 문화는 두 가지 측면에서 논의될 수 있다. 하나는 공

---

13 옹(Ong, 1982)은 구술 언어가 문자 언어와 다른 아홉 가지 특성을 기술한다; i) 구술 언어는 분석적이거나 추론적이지 않다. ii)사고와 표현의 구성 요소들이 개별적이기보다는 집합적인 성격을 띤다. iii)기억을 돕기 위해서 중복적이다. iv)정보 저장의 어려움 때문에 쉽게 기억되고 되풀이할 수 있도록 보수적 성향을 지닌다. ⅴ)모든 지식을 인간의 일상생활에 가깝게 연결한다. vi)말하는 사람과 듣는 사람이 함께 있다는 가정 때문에 논쟁적인 어조를 갖는다. vii)지식이 삶의 경험을 바탕으로 구성되기 때문에 참여하면서 배울 수 있다. viii)현재의 유용성이 강조된다. ix)마지막으로 사고나 표현이 상황의존적(situational)이고 일상생활과 밀접히 연결되어 있다.

론 영역과 관련하여 온라인상 뉴스나 사회쟁점과 관련된 토론이고, 다른 하나는 놀이로서 댓글 달기다. 앞에서 논의했듯이, 2000년 초반 인터넷 뉴스 미디어의 등장이 확대되고, 논객 사이트 등이 활성화되면서 댓글 쓰기와 읽기는 인터넷 공간에서 일상적인 글쓰기, 읽기 문화가 되었다. 댓글 쓰기와 읽기는 우리 사회의 공식적 커뮤니케이션 구조와 밀접히 관련되어 있다.

나은영 외(2009)는 대의민주주의 사회에서 공식적인 정보 유통을 담당하는 기성 언론과 정치제도가 갖는 정당성이 약화되면서 댓글 쓰기와 읽기가 증가했다고 말한다. 따라서 댓글 쓰기와 읽기는 일종의 대안적 커뮤니케이션 양식으로 기능 한다. 한국 사회에서 인터넷 댓글이 담당하는 핵심적인 기능은 기성 언론과 정치계에서 제공하는 공식적인 정보들을 수용자가 적극적이고 능동적으로 재해석하여 대안적인(때로는 저항적이고 일탈적이기까지 한) 통로를 여는 것이다.

대안적인 커뮤니케이션 양식으로써 글쓰기와 읽기가 비판적 토론의 공간이 될 수 있는가 하는 질문이 제기될 수 있다. 김은미·이준웅(2006)은 이와 관련해서 의미 있는 주장을 내놓는다. 인터넷 토론 공간에서 토론자는 타인의 목소리에 주의를 기울이지 않고 자신의 생각만을 일방적으로 전달하는 것이 아니라, 다른 사람들의 의견을 감지하기 위해 타인의 글을 주의 깊게 읽고 때때로 자신의 의견을 개진하는 모습을 보인다는 것이다. 특히 '읽기 행위'는 정치적 중요성을 지닌다. 읽기는 정

그림 1-14 놀이로서의 댓글 'ㅅ 놀이'

치적 지식이 높을수록, 그리고 신문 열독이 높을수록 증가하는데, 이는 '읽기' 행위가 정보와 지식의 기초에 근거한 행위이며, 합리적이고 비판적인 토론의 계기를 지닌 행동임을 의미한다. 따라서 인터넷 공간에서 나타나는 '공감적 경청'은 숙의민주주의deliberative democracy의 이상에 기여하는 행위가 된다. 이들의 연구는 인터넷 공간이 귀머거리 간의 대화가 아니라 숙의를 위한 조건으로 기능한다는 것을 밝히고 있다는 점에서 흥미롭다.

　이와 다르게 이기형(2004)은 과잉적인 감정 표출, 탈규범적 반칙 행위, 비논리적 주장, 부적절한 일탈적 담론 등이 인터넷 공간에서 관찰된다고 말한다. 이기형은 인터넷의 공론 영역이 하버마스가 제시하는 이상적인 공론 영역이나 이성의 법정과 같은 모델이 아니라 "길들지 않은 다양한 의미와 '카니발적인'carnivalesque 욕망 구조와 상상력, 그리고 사회적인 권위 구조와 헤게모니에 도전하는 다양한 사회 집단들의 시도들을 담지한 다수의 난장wild publics 모델"(이기형, 2004, 28~29쪽)에 가깝다고 주장한다. 따라서 인터넷 공간은 공론 영역과 연대의 공간이라는 순기능과 논쟁과 정쟁의 게토라는 역기능이 극단적으로 나누어진 두 얼굴을 하고 있다는 것이다.

　우리가 토론 영역에서 반드시 합의된 여론을 도출할 필요는 없다. 의견과 반목이 첨예화되는 것이 갈등을 의미하기도 하지만, 감정적 표출이나 일탈적 담론이 대립하지 않는 것보다는 가치 있는 공론 영역의 한 부분일 수 있다. 더욱이 인터넷 공론 영역에서 수렴되지 않는 것은 그 자체로 끝나는 것이 아니라 시민들의 '직접 발언' 및 '직접 행동'을 통해서 현실에서 표출되기도 한다.[14]

　정치 영역에서 인터넷 공간이 어느 정도 공론 영역을 확장하기도 하지만, 동시에 댓글 놀이가 인기를 끌기도 한다. 놀이로서 댓글 문화는 여러 가지 방식으로 전개된다. 인터넷 기사 댓글들에서도 댓글 놀이를 쉽게 찾아 볼 수 있다. 다음은 그 예로 등수 놀이다.

첫 번째 댓글을 단 사람이 1등 댓글이고, 이어서 다음 사람들이 2등, 3등 댓글을 단다. 어떤 이는 1등 댓글을 달기 위해 조회 수가 낮은 게시물을 찾아 헤매기도 하고, 한 게시판에서 숫자가 점점 커져 100 이상 등수 놀이 댓글이 이어지는 때도 있다. 이런 등수 놀이는 네이버 카툰의 '人 놀이'로 이어지고 있다. 최초의 1인부터 시작해 무엇이든 달을 붙이기만 하면 된다. 이것은 "~라고 생각하는 1人", "카툰에 공감하는 1人" 등으로 시작된다.

드라군 놀이는 적당한 글에 한 명이 "하지만 드라군이 출동하면 어떨까?"라는 댓글을 단다. 그러면 다음 사람들이 아래에 이어 '드!', '라!', '군!'이라는 세 개의 댓글을 단다. 이 댓글이 끊이지 않으면 성공이고 중간에 다른 댓글이 달려 끊어지면 실패다. 드라군 놀이는 컴퓨터 게임 스타크래프트의 세계관을 배경으로 한 김성모의 만화 《스타크래프트》에서 유래했다. "드라군이 출동하면 어떨까?"라는 프로토스 지도자의 질문에 세 명의 군인이 번갈아가면서 "드!", "라!", "군!"이라고 대답한다.

---

14 여기서 기술하기는 거렵지만, 직접행동이나 직접참여가 대의민주주의를 거부하는 것인지 아니면 대의민주주의를 보완하는 기능을 수행하는 것인지에 대해서는 논의가 필요하다.

이 장면은 원래 의미심장함과 비장함을 전달하기 위해 구성된 것이지만 작가의 의도와 달리 누리꾼들은 하나의 단어를 여럿이 나눠 말하는 모습을 우스꽝스럽게 해석했다. 이 놀이는 2005년 여름 내내 인터넷에서 유행했다.

파문 놀이는 특정한 사건이나 주제에 대해 해당 인물이나 단체 등의 이름을 빌려 "~했다. 파문" 식으로 낱말을 이어 붙이는 놀이다. 파문 놀이는 2000년 초기부터 네티즌 사이에서 유행했는데, 유명인의 언행이나 사회적 쟁점을 비꼬는 일종의 말장난이다.

2006년 "이게 다 노무현 때문이다"는 가장 유행했던 댓글 놀이다. 예컨대 한국 축구 국가대표팀이 가나와 치른 평가전에서 패한 소식을 전하는 기사에 "이게 다 노무현 때문이다. 태극 전사가 맥없이 패하는 동안 노무현은 뭘 했나"라는 식으로 댓글을 단다. 2008년에는 "~면 어때. 경제만 살리면 그만이지"라는 이명박 댓글 놀이가 유행했다. 예를 들어 "대운하로 환경 좀 파괴하면 어때. 경제만 살리면 그만이지"라거나 "광우병 걸리면 어때. 경제만 살리면 그만이지" 등과 같이 정치 현실을 풍자한다.

2009년 12월 6일에 소울드레서, 쌍코, 화장발 등 이른바 '여성 삼국연합'은 시국 선언한 교사에 대한 징계를 거부한 김상곤 경기도 교육감에게 응원의 댓글을 엮은 '댓글 북'을 전달하기도 했다. 한나라당이 날치기 처리한 미디어 법에 대해 헌

법재판소가 "절차상 위법하나 유효하다"고 결정하자 "커닝해도 대학만 가면 합법이다" "오프사이드지만 골은 인정된다", "사람을 때렸지만, 폭행은 아니다"와 같은 패러디 댓글이 쏟아졌다. 이 같은 댓글 놀이는 그 자체로 오락적 행위이면서 동시에 현실에 대한 풍자이기도 하다.

03 인터넷 공간의 젠더 정치학

인터넷 공간은 누구에게나 열린 자유로운 공간이지만, 꼭 평등한 공간을 제공하지는 않는다. 인터넷 이용 정도에 있어서 성별 차이는 별로 없지만, 인터넷 공간에서 젠더 문제는 불평등한 권력관계를 보여준다. 여성 인터넷 이용 인구의 증가와 함께 여성 게시자에 대한 인신공격, 토론 주제와 상관없는 성차별적 내용, 여성 관련 사이트에 대한 언어 폭력, 온라인 성폭력, 온라인 스토킹도 증가하고 있다. 인터넷 공간은 현실과 단절된 공간이라기보다 현실 세계의 권력 구조가 그대로 반영된 곳이다.

 수많은 신조어가 인터넷 공간에서 만들어지고 사라진다. 그중에서 주목할 만한 신조어는 특정 여성을 지칭하는 것들이다. 특히 'OO녀'로 호명되는 이십 대 여성에 대한 신조어들은 '개똥녀' 사건 이후에 계속 발생하고 있다. 2005년 '개똥녀'에서부터 2009년 '루저녀'까지 이십 대 여성을 호명하는 'OO녀'

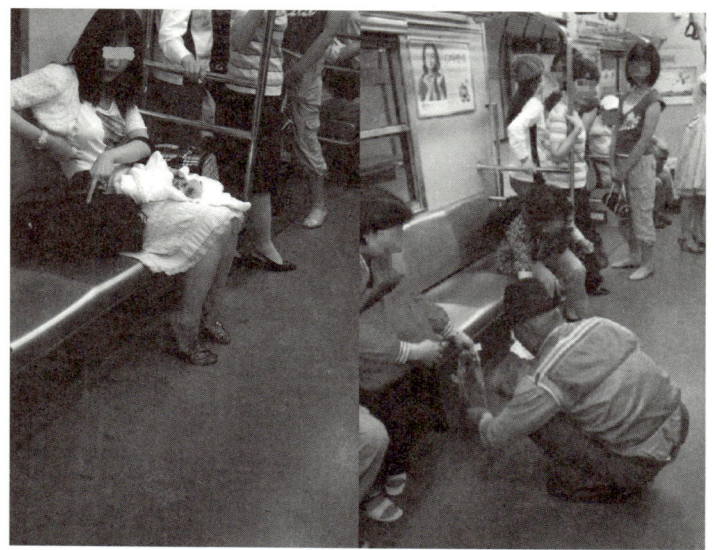

그림 1-15 개똥녀 사진과 개똥을 치우는 할아버지 : 인터넷에서 'ㅇㅇ녀'로 불리는 사람들은 대체로 이십 대 여성이다

사건은 인터넷 공간에서 젠더의 정치학 문제를 제기한다. 비록 'ㅇㅇ남'이라는 호칭이 없는 것은 아니지만, 그 영향력은 'ㅇㅇ녀'에 비하면, 미비하거나 사건의 전개 방식 자체가 다르다.

여성 호명하기

2005년 6월 5일, '개똥녀' 사건이 지하철 2호선에서 발생했다. 이것은 지하철에서 애완견의 배설물을 치우지 않고 내린 한 여성의 사진이 인터넷 게시판에 올라오면서 시작되었다. 목격자는 그녀 대신 배설물을 치우는 할아버지의 모습을 찍은 사진을 함께 올렸다. 포털 사이트 네이버에 기사가 올라온 지 다섯 시간 만에 1만 3,000여 개의 댓글이 달렸으며, 일부 사이트에는 얼굴을 모자이크 처리하지 않은 사진이 유통되기도 했다. 6월 5일 하루 사이에 현실 공간의 한 여성은 인터넷 공간에서 '개똥녀'로 재정의되었다.

6월 6일 〈오마이뉴스〉 사회면은 '지하철 애완견 똥 안 치운 "개똥녀"'란 제목의 기사를 실었는데, 사건의 간략한 설명과 함께 "누리꾼들의 반응은 비난과 욕설이 주를 이루고 있다"고 소개했다.

오프라인 매체에 사건이 보도된 것은 6월 7일이었다. 전날은 공후일(현충일)로 신문이 발행되지 않았기 때문이다. 〈동아일보〉와 〈한겨레신문〉이 보도했고, KBS, MBC, SBS도 저녁 뉴스에서 비중 있게 보도함으로써 이 사건은 큰 파문을 일으켰다. 한 달 후 〈워싱턴 포스트〉(2005년 7월 7일 자)도 "지하철 소동이 남을 부끄럽게 만드는 인터넷 힘에 대한 시험대로 확대되다" Subway fracas escalates into the test of the internet' power to shame 라는 내용의 기사를 내보냈다. 개똥녀 사건은 'Dog Poop Girl'로 옮겨져 세계적으로 확대되었다(김규찬, 2006).

2006년에는 '된장녀'와 '강사녀'가 등장했다. 비싼 명품을 즐기는 여성 중에 자신의 능력으로 소비 활동을 하는 것이 아니라 부모나 애인에게 의존하는 여성을 '된장녀'라고 불렀다. 이 의미는 점차 확대되어 남성들이 생각하기에 부정적인 여성상을 총칭하는 대명사로 바뀌었다. 된장녀 논쟁을 촉발시킨 사람은 대학생 임 모(당시 20세) 씨다. 아마추어 만화가인 임 씨는 디시인사이드dcinside.com에 '된장녀와 사귈 때 해야 하는 9가지'라는 단편 만화를 올렸고, 그 반응은 폭발적이었다. 게재를 시작한 지 2주일도 되지 않아서 조회 수가 8만 건을 돌파했다. 웃긴 대학humoruniv.com, 텔레비전존tv.media.daum.net 등의 사이트에서 된장녀 시리즈가 확산되었다. 된장녀가 확대되면서 만화, 플래시 등 패러디물이 만들어졌고, 허영심 많은 여성에 대한 비난으로 이어졌다. 개인 미니홈피에 사진을 올리던 여성들은 된장녀 만화에 게재된 행동과 똑같다는 비난을 받게 되고, 여성 일반이 된장녀로 인식되기에 이르렀다.

'강사녀'는 종로 모 학원 강사가 캐나다 유학시절에 돈을 벌기 위해 포르노에 출연했었다는 것이 학생의 고발로 밝혀져 불구속되면서 알려졌다. 누리꾼들은 이 사건에서 그녀의 얼굴을 알기 위해 신상정보를 파헤쳤고, 인터넷에 그녀의 영상과 신상정보들이 순식간에 떠다녔다. 누리꾼들이 열을 낸 이유는 학생들에게 모범이 되어야 할 스승이 포르노를 찍었다는 것이다.

당시 이와 유사한 사건으로 음란물 유포 혐의로 입건된 김 모 씨가 있었다. 김 씨에게는 '김본좌'라는 별칭이 붙여졌고, 누리꾼들 사이에서 영웅이 되었다. '본좌'란 대가를 뜻하는 인터넷 은어인데, 네티즌은 2만여 편의 음란 동영상을 유포한 김 씨가 입건되자 인터넷 팬카페를 만들어 석방을 촉구하는가 하면 성경을 패러디한 '본좌복음'[15], '본좌어록' 등을 만들었다.

표 1-2 인터넷 공간에서 유행한 대표적인 여성 호명

	2005	2006	2007	2008	2009
호명	개똥녀	된장녀, 강사녀	군삼녀	신상녀	루저녀
대상	20대 여대생 (추정)	20대 여대생 20대 학원 강사	20대 여성(추정)	20대 연예인	20대 여대생
정의	지하철에서 애완견 변을 치우지 않은 여성	부모, 애인에 의존해 명품을 소비하는 여성 포르노 출연 학원 강사	남자의 군복무는 3년으로 해야한다고 발언한 여성	자신의 능력으로 명품을 소비하는 여성	남자 키 180cm 이하는 루저라는 발언을 한 여성
대립적 호명	쩍벌남	고추장남,김본좌			루저
과정	고발-신상공개- 사이버처벌	고발-신상공개- 사이버처벌 (강사녀)	발언-신상공개- 사이버처벌		발언-신상공개- 사이버처벌

강사녀와 김본좌에 대한 네티즌들의 반응은 상반되었다. 네티즌들은 '강사녀'에게는 냉혹한 비판과 사이버 폭력을 행사했지만, '김본좌'에게는 온정적 시선과 위로를 보냈다.

2007년, 텔레비전 아침 방송의 한 인터뷰 설문조사에서 한 여성이 "남자의 군복무 기간으로 2년은 짧으므로 3년으로 해야 한다"고 발언해 네티즌들이 그녀를 '군삼녀'로 불렀다. 방송이 나간 후 남성 누리꾼들은 그녀의 미니홈피, 신상을 파헤쳐 공개했다.

15 대표적인 '본좌복음'으로 다음과 같은 것이 있다. "조사실에 계시던 김본좌께 담당 형사가 둘을 건네매, "목이 탈 것이니 드시오"하니, 본좌께서는 "아니오. 빨리 수사를 마치고 집으로 돌아가 업로드를 마쳐야 하오. 나를 기다리는 수십만 명의 사람이 있소" 하시니 담당형사와 조사관들이 이내 숙연해지며 닭똥 같은 눈물을 흘리더라(본좌복음, 수사편 25절 3장)."

2008년에는 '신상녀'가 유행어로 등장했다. 신상녀는 새로 나온 물품을 빨리 구매하는 여성으로 가수 서인영이 〈우리 결혼했어요〉라는 프로그램에서 '신상(신상품)'이라는 말을 자주 하면서 등장했다. 개똥녀, 강사녀, 군삼녀와 달리 신상녀는 인터넷에서 폭로와 폭력의 대상이 되지는 않았다. 남성 역시 신상품을 좋아하기 때문에 신상녀를 비난할 이유가 없었다. 이것은 신상녀가 사회 윤리나 도덕을 위반했다거나 직접적으로 남성과 관련되지 않았기 때문으로, 된장녀와 달리 자신의 능력에 따라 신상품을 구매하는 것을 비난할 근거가 딱히 없었기 때문이다.

　2009년 11월 9일 〈미녀들의 수다〉에 출연한 여대생이 "키는 경쟁력이다. 키 작은 남자는 '루저'라고 생각한다. 내 키가 170센티미터다 보니, 남자 키는 최소 180센티미터가 돼야 한다"는 발언을 했다. 이 여대생의 말 한마디가 일으킨 풍파는 거셌다. 당장 발언한 여학생의 신상 정보가 인터넷에 공개됐다. 출신 중고교는 물론 대학생활의 시시콜콜한 단편들 모두가 단죄의 대상이 되었다. 한 네티즌은 해당 여대생의 성형외과 상담 기록까지 찾아냈다. 한편에서는 어려운 가정환경을 호소하며 장학금을 신청하고, 다른 한편에서는 명품 핸드백의 수리를 문의했던 여대생의 일상이 여과 없이 폭로되었다. 여기에 그치지 않은 숱한 패러디물들이 쏟아졌다. 톰 크루저, 마틴 루저 킹 등의 패러디물은 대대적으로 유포되었다.

개똥녀에서 루저녀까지 인터넷 공간에서 벌어지는 사건들을 보면 몇 가지 공통점을 찾을 수 있다. 대체적으로 발언이나 행위의 대상자가 이십 대 여성이라는 점이다. 1990년대 후반에는 아줌마가 공격의 대상이었다. YWCA에서 인터넷 게임 중독과 문제점을 지적하자 십 대들이 주 공격 대상으로 아줌마를 지목하면서 아줌마는 '엄마'나 '누나'가 아닌 제3의 성이 되었다. 그러나 점차적으로 아줌마는 더 이상 공격의 대상이 아니라 능동적이고 활동적인 집단으로 표상이 바뀌었고, 그 자리를 이십 대 여성이 메웠다. 이십 대 초중반 여성은 청소년처럼 보호의 대상도 아니고, 경제력을 가지고 있는 것도 아니다.

앞에 언급한 각각의 사건들은 비슷한 과정을 거쳤다. 우선 사건의 당사자가 공공질서나 윤리를 위반하거나 남자에 대해서 부정적 발언을 하면, 그것은 곧바로 인터넷으로 확산된다. 다음으로 오프라인 매체가 그 내용을 받아서 확대·재생산한다. 인터넷에는 사건의 당사자와 관련된 신상명세가 사소한 것까지 폭로된다. 누리꾼들은 사건의 당사자에게 사이버 처벌과 폭력을 행사한다. 동시에 다양한 종류의 패러디물이 만들어져서 유포된다. 마녀사냥이 이루어지는 것이다. 마녀사냥이 확대되면, 사이버 테러는 지나치다는 비판이 일어나고 사이버 윤리 문제가 제기되면서 마무리된다. 이와 같은 과정은 반복적으로 일어난다.

인터넷에서 'OO녀'라는 말은 'OO남'이라는 말보다 먼저 등장한다. '개똥녀'가 나오면 '쩍벌남'이 나오고, '강사녀'가 나온 후 '김본좌'가 등장하며, '된장녀'가 생기면 '된장남' 혹은 '고추장남'이 따라 생긴다. 그러나 남성을 지칭하는 'OO남'은 'OO녀'처럼 확대되거나 비판의 대상으로 증폭되지 않는다. '쩍벌남'의 경우 지하철에서 다리를 있는 대로 활짝 벌려 앉아 바로 옆 자리에 있는 사람에게 피해를 주지만, 신상이 세세히 인터넷에 공개되지는 않았다. 비록 공개된다고 하더라도 마녀사냥으로까지 확대되는 경우는 거의 없다.[16] 오히려 '김본좌'의 사례처럼 영웅으로 등극하기는 해도.

'개똥녀'에서 '루저녀'에 이르기까지 일련의 사건들은 인터넷 공간이 젠더 문제에 있어서 대단히 차별적인 공간이라는 것을 극명하게 보여준다. 정의와 질서를 바로 잡겠다는 네티즌의 행동은 시간이 지나면서 폭력자와 처벌자가 된다. 네티즌 스스로가 정의와 질서를 위반하는 것이다.

온정주의 성차별

인터넷에서는 남성을 지칭하는 용어보다 여성을 지칭하는 용

---

[16] 2005년 대기업에 근무하며 야간 대학교에 다니던 김 모(30세) 씨가 1년 동안 사귀던 여자 친구와 헤어지자, 그 여자 친구가 자살한 사건이 발생했다. 한때 김 씨의 이름은 포털 사이트 검색어 1위에 올랐고 이름, 사진 등이 공개되었다. 근무하는 회사 홈페이지에 김 씨를 해임하지 않으면 제품 불매운동을 벌이겠다는 '네티즌 운동'이 벌어졌다. 그해 5월 그는 사표를 내야했다. 그러나 김 모 씨는 'OO남'으로 일반화되지는 않았다.

어들이 상대적으로 많다. '○○녀'와 달리 성공적인 사회 활동을 하는 여성들을 지칭하는 다양한 신조어들도 등장하고 있다. 알파걸alpha girl, 알파맘, 줌마렐라(아줌마와 신데렐라 합성어), 골드미스, 맘프러너(엄마mom와 기업인entrepreneur의 합성어로 엄마 사장님) 등 여성의 경제적 능력에 대한 신조어들은 능력 있는 남성들을 가리키는 표현에 비해 유난히 종류가 많다.

> 나는 점차 미국 신세대 소녀는 이전 세대들과 근본적으로 다르다는 확신을 갖게 됐다. 그리고 장차 리더의 재목인 그녀들을 '알파걸'로 묘사했다. 알파걸은 재능 있고 욕심이 많고 자신감이 있다. 알파걸은 여자라는 사실 때문에 제약을 받지 않는다. 우선 인간이고 그 다음이 여자인 것이다. 섹스와 남녀 역할, 의존과 독립, 지배와 복종 같은 전통적인 사회 구도들은 알파걸과는 별 관계가 없다.(Kindlon, 2007, 5~6쪽)

미국 하버드대 킨들런Kinblon, 2006이 알파걸이라는 용어를 처음 사용했다. 그는 미국 여학생의 20퍼센트 가량이 공부, 운동, 친구 관계, 미래에 대한 비전, 리더십 등 모든 면에서 남학생을 능가하는 엘리트 소녀로 성장하고 있다는 결론을 얻었다. 그는 이들을 이전 세대들과 다른 '완전히 새로운 사회계층의 출현'으로 파악하고 '알파걸'로 명명했다. 알파걸이란 명칭이 한국에도 유입되어 인터넷과 미디어를 시작으로 광범위하게 쓰이기 시작했다. 최근에는 모든 방면에서 자기 관리에 철저한

엘리트 집단을 '알파우먼'으로 지칭하기도 했다.

알파걸이 능력 있는 미혼 여성을 의미한다면 능력 있는 기혼 여성은 '알파맘'으로 불린다. 알파맘은 아이의 재능을 발굴해서 탄탄한 정보력으로 체계적인 학습을 시키는 유형의 엄마를 의미한다. 2008년 10월 19일, 〈SBS스페셜〉에서 알파맘에 대한 내용이 방영되어 화제를 불러일으키기도 했다. 알파맘들은 막강한 정보검색 능력을 바탕으로 광범위하고 활발하게 정보를 나누면서 영향력을 키우고 있으며, 인터넷 블로그와 카페에서 육아를 주제로 다양하게 활동한다.

SBS 주말 버라이어티쇼 〈일요일이 좋다〉의 코너 '골드미스가 간다'에는 여섯 명의 여자 연예인이 일반인 남성과 소개팅하고 데이트하는 과정을 보여준다. 말하자면, 골드미스 시집보내기 프로젝트. '골드미스' Gold Miss는 능력 있는 노처녀를 의미하는데, 주로 삼십 대 이상 사십 대 미만 미혼 여성 중에서 학력이 높고 사회적, 경제적 여유를 가지고 있는 집단을 의미한다. 광고계에서 주로 사용되는 '나오미족'은 'not old image'에서 나온 말로 안정적인 경제력을 바탕으로 젊은 감각과 라이프스타일을 즐기는 삼십 대 후반에서 사십 대 초중반 여성을 지칭한다. 젊은 세대 못지않게 외모를 가꾸고 자기계발에 투자하는 중년 여성은 '줌마렐라'라고 불린다. 특히 드라마 〈내조의 여왕〉이 줌마렐라 신드롬을 일으켰다. 이밖에도 인터넷을 즐겨 사용하는 주부를 일컫는 '아티즌'(아줌마와 netizen의

조어)이란 신조어도 있다.

    경제적 능력과 관련하여 남성보다 여성을 호명하는 신조어가 인터넷에서 많이 등장하는 것을 어떻게 봐야 할까. 어떤 면에서는 그만큼 여성이 사회 전반에 걸쳐 많은 영향력을 행사하고 있다는 것을 보여주는 것일 수 있다. 그러나 다른 한편으로 이런 현상은 온정주의 성차별을 의미하기도 한다. 겉으로는 여성에 대해서 우호적인 것처럼 보이지만, 본질에 있어서는 호의적인 것이 아니다. 이는 사회 변화에 따른 젠더 역할의 변화는 필연적으로 동반하지만, 사회 내 지위 변화를 여성에게만 투사하기 때문이다. 이것은 어쩌면 경제적 능력을 갖춘 여성을 예외로 인정하고, 대다수 여성은 기존의 성 역할 속으로 더 단단히 가두고 있는 것인지도 모른다.

2 참여 코드

01 참여세더의 등장

P세대는 월드컵에서 형성된 공동체 의식과 NNetwork세대의 라이프 스타일, X세대(70년대 이후 태어난 자유분방한 가치관을 지닌 세대)의 소비문화, 386세대의 사회의식이 중첩된 세대로 일반적인 세대 구분과 달리 17~39세까지의 광범위한 연령층을 아우르고 있다. P세대는 '내가 우리 사회를 변화시킬 수 있다'는 참여의식이 투철한 것이 가장 큰 특징. 특히 기성既成 세대에 도전적이며, 인터넷 네트워크를 중요시하고 개인적이고 다양한 경험을 추구한다는 공통점을 지녔다.(〈조선일보〉, 2003년 6월 9일 자)

1020 P세대는 표현에 능한 세대다. 인터넷에서의 활동과 코스프레(코스튬 플레이, 만화나 영화에 나오는 주인공의 복장 등을 모방하는 행위), 게임, 심지어 문신과 피어싱(신체를 뚫어 작은 고리 등을 달기) 등 다양한 방법으로 자신을 표현한다.(〈동아일보〉, 2003년 6월 11일 자)

2003년 한국의 언론들은 'P세대'에 주목했다. 참여세대는 제일기획 보고서가 나오면서 주목받았다. 제일기획 보고서 《대한민국 변화의 태풍 - '젊은 그들'을 말한다》(2003년 6월 8일)는 월드컵, 촛불집회, 대선의 주인공은 P세대이며, P세대의 80퍼센트는 '나는 사회를 변화시킬 수 있다'는 의식을 가졌다고 주장했다. 제일기획의 정의에 따르면, "P세대는 월드컵, 대선, 촛불시위 등을 거치면서 나타난 세대로 사회 전반에 걸친 적극적인 참여 속에서 열정과 잠재적 힘을 바탕으로 사회 패러다임의 변화를 일으키는 세대"(제일기획, 2003, 1쪽)다. 참여세대는 자유주의 성향을 지니고, 세계화의 흐름 속에서 유목민적인 특성을 가지며, 인터넷 및 휴대전화의 보급으로 정보와 오락이 중심인 라이프스타일을 형성하고, 이전 세대와는 다른 풍요로움 속에서 다양한 소비 의식을 지닌다. 그렇다면 이들 '젊은 그들'을 새로운 세대로 규정할 수 있는가?

와이엇은 세대 의식이나 세대 문화의 형성 과정과 관련하여 다섯 가지 요소를 제시한다. i) 외상적 traumatic 사건, ii) 선도자의 중요성, iii) 인구학적 변화, iv) 이전과 이후 세대를 구별하는 특권적 간격 privileged interval, v) 세대가 문화를 만드는 특정한 장소(Wyatt, 1993, pp2~4). 외상적 사건은 전쟁이나 정치사회적 변동을 의미하며, 선도자는 기성 체제나 지배 문화에 저항하면서 세대 의식을 이끄는 사람이나 집단이다. 특권적 간격은 이전 세대와 이후 세대 사이에서 특정 사건을 경험하는 시간이며, 특정한 장소는 세대가 집단 기억을 착현하는 지정학적 위치다.

와이엇의 세대 정의를 받아들인다면, 한국 사회에서 2002년은 새로운 세대를 이끄는 역사적 계기였다. 월드컵과 대선은 외상적 사건은 아니었지만 공동체의 집단 기억을 만들었고, 광장은 특권적 장소가 되었으며, 노무현과 붉은악마는 세대의 선도자였다. 참여세대는 1980년대 전후 출생한 집단으로 수학능력시험을 치루고 낮은 조출생률(인구 1,000명 당 10명 내외)로 이전 세대와도 구별된다. 더욱이 인터넷과 핸드폰이라는 사적 매체의 확대는 참여세대의 일상생활을 지배했다.

전후 세대 문화의 형성

한국 사회에서 세대는 특정한 역사적 계기를 중심으로 등장했다. 전후세대, 4·19세대, 청년문화 세대, 386세대, 신세대, 참여세대 등이 등장했다. 전후세대는 한국 전쟁 이후 생활윤리와 가치 체계의 급속한 변화와 미국 문화의 수용으로 등장했지만 특정한 문화 형식을 보여주지 못했다. 4·19세대 역시 문학과 정치 분야에서 언급되지만, 일반 대중으로까지 확장된 용어는 아니다. 따라서 이들 세대는 차별적 세대 문화를 형성했다거나 세대 일반으로 규정하기 어렵다.

한국의 세대 문화는 1970년대 청년문화 세대, 1980년대 광주세대, 1990년대 신세대, 2000년대 참여세대로 구분된다.

표 2-1 전후 한국 사회 세대 문화의 성격

세대 구분 구성요소	청년문화 세대	광주세대	신세대	참여세대
역사적 사건(맥락)	1972년 유신	1980년 광주민주화	1987년 6월 운동	2002년 월드컵 민주화투쟁
공론 시점	1974년	1980년대 초중반	1992년	2003년
계기적 사건	유신	광주민주화 운동	서태지의 등장	월드컵, 대통령 선거
주체	20대 초반반 대학생	20대 초반반 대학생	10대 중후반	10대 후반 ~20대 중후반
장소/공간	명동, 종로, 대학가	대학가	대학로	광화문, 시청 앞 광장
의례	통기타, 청바지, 생맥주	대동제	랩, 스트리트 댄스	광장 응원 촛불시위
대표적 인물(집단)	최인호, 김민기, 양희은, 이장호 등	전대협	서태지	붉은악마, 노무현
이념적 지향	자유주의	민족주의, 반미	탈권위주의	개혁, 민족주의, 반미, 자유주의

1970년대 청년문화가 형성되는 사회적 맥락은 근대화, 매스미디어의 확대, 국가권력의 생활 세계 식민화, 소비 주체로서 대학생의 증가 등이었다. 광주세대는 1980년 광주민주화 운동을 기점으로 민족주의와 반미를 이념적 지향으로 내세웠다. 1970년대와 마찬가지로 주체는 대학생들이었다.[17]

---

[17] 광주세대를 의미하는 386세대라는 용어는 1996년 말에 등장했다. 당시 386세대는 이십 대와 삼십 대 사이 '샌드위치 세대'로 삼십 대에 의한, 삼십 대의 문화(7080 같은 대중음악, 소설 등)를 의미했다. 그러나 1998년 이후부터 386세대는 정치권에 들어간 이후 일군의 젊은 진보세력을 의미하는 용어로 바뀌었다.

1987년 6월 민주항쟁으로 민중문화 담론이 쇠퇴하고 문화의 탈정치화가 이루어지면서 1992년 신세대 담론이 부상했다. 서태지는 신세대 문화의 상징 코드였다. 신세대는 1990년대 중반 산업에 의해서 X세대, N세대 등으로 불리기도 했다. 이동후·김영찬·이기형(2004)은 1994~1996년 사이에는 신세대나 X세대 담론이, 1999년에는 N세대 담론이 언론에 주로 보도되었는데, 여기에는 상업적 의도가 담겨 있었다고 지적한다. 다만, 이들은 새로운 정보통신 기술이 신세대 문화 형성의 중요한 매개체가 되었으며, 젊은 세대가 정보통신 영역을 그들만의 장으로 탈영토화deterritorialization하면서 신세대 문화를 구성했다고 설명한다. 신세대는 1990년대 중반 이후 정보통신 영역과 맞물리면서 시장에 편입되기도 했다.

참여세대의 성격

참여세대는 이전 세대와 연결되면서도 다른 특징들을 보인다. 일반적으로 당대 문화가 일정한 특성을 지니기 위해서는 역사적 사건이나 계기가 발생한 이후 어느 정도 유예기간을 거친다. 사회구조의 변화가 일어났다고 해서 곧바로 문화 변화가 일어나는 것은 아니기 때문이다. 그러나 참여세대 담론은 월드컵, 노무현의 대통령 당선, 효순·미선 양을 위한 촛불집회가 발생한 이후에 곧바로 등장했다. 소비와 트렌드를 빨리 읽어야 하는 광고 회사가 발빠르게 P세대로 규정한 탓도 있었지만, 그만큼 세대 문화의 정체성이 또렷이 드러났기 때문이다. 게다가 참여정부의 출현 이후 '참여'라는 키워드는 한국 사회에서 보편적으로 받아들여졌다.

참여세대가 만들어낸 장소인 광화문 광장이나 시청 앞 광장 등은 이전 세대의 의례 장소와는 달랐다. 이전 세대는 특정 집단(주로 대학생)이 자주 가는 대학가나 대학로로 장소가 한정되었지만, 광화문이나 시청 앞 광장은 특정 집단의 전유물이 아니었다. 계층과 세대를 넘어서는 의례 장소로 광장이 새롭게 발견된 것이다.

의례 장소가 특정 집단의 전유물이 아니었기 때문에 의례 행위도 이전과는 달랐다. 청년문화 세대나 신세대는 대중 소비문화를 통해서 의례 형식을 만들었다. 통기타와 청바지, 랩과 스트리트 댄스 등은 특정 연령층에 의해서 소비될 뿐이었다. 그러나 참여세대의 의례 형식인 광장 응원이나 촛불집회는 소비를 통한 정체성 구성과 무관했다. 광주세대의 경우 대동제라는 축제를 통해 국가권력에 저항했지만, 대학 안으로 한정되어 있어서 일반 대중이 참여하지는 못했다. 오히려 대중은 '국풍 81'과 같은 관제 축제에 더 빠져들었다. 그러나 참여세대의 광장 응원이나 촛불집회는 대중이 참여하는 의례였고, 이후 지속적으로 이어졌다. 2006년 월드컵 때도 광장 응원은 이루어졌고, 촛불집회는 중요한 정치적 사안이 발생할 때마다 열렸다.

참여세대 구성은 이전 세대와 다르게 모호한 측면이 있다.

청년문화 세대와 광주세대는 이십 대 초중반의 대학생이 주축이었고, 신세대는 십 대 후반이 중심이었다. 그러나 참여세대는 십 대 후반에서 삼십 대 초중반까지 포괄적인 특성을 지니고 있었다. 이것은 참여세대가 단순히 인구학적 변화에 국한되지 않았다는 것을 의미한다. 세대라는 것은 '연령 집단'을 의미하는데, 참여세대는 확실히 구별 지을 수 없는 연령 집단으로 구성되어 있다. 그만큼 2002년 월드컵과 노무현의 대통령 당선이 참여세대의 문화를 형성하는 데 중요한 압력을 행사했기 때문이다.

세대 문화를 이끈 대표적인 인물을 보면, 청년문화 세대와 신세대의 대중문화 종사자들이었다. 반면 광주세대는 학생운동을 이끌었던 전대협(전국대학생대표자협의회)이었다. 참여세대를 이끈 집단이나 인물은 붉은악마와 노무현이다. 국가대표 축구응원단과 정치스타 노무현 사이에는 실질적인 관계가 없다. 둘 사이에 유사성이 있다면, 온라인과 오프라인을 함께 이용하는 대중적 리더십과 문화와 감성을 활용하는 능력이다. 참여세대는 어느 한 집단이 주축이 되었다기보다 서로 상이한 집단과 개인에 의해서 유도되었다고 볼 수 있다.

참여세대의 연령 범위가 기존 세대보다 넓고, 대표적 인물이 대중문화 생산자가 아니었다는 사실은 그들의 이념 지향성을 어느 하나에만 집중하지 않게 했다. 따라서 참여세대의 이념 지향성은 단일하게 규정되지 않는다. 이것은 이전 세대의 이념 지향성과 다른 것이다. 참여세대의 이념형은 민족주의, 자유주의, 반미, 개혁 등으로 요약될 수 있다. 월드컵을 경험하면서 공유했던 사회 통합의 가치는 민족주의였고, 인터넷과 같은 매체 소비와 상품 소비는 자유주의적 성향을 띠었으며, 촛불집회에서 나타난 가치는 반미였다. 또한 노무현의 출현 이후 기성 가치에 대한 변화는 개혁으로 표출되었다. 이것은 기존 세대 문화가 가졌던 이념 지향성을 통합한 것이었다.

참여세대 문화는 어느 단일한 실체라기보다 이전 세대와의 연속성과 단절 속에서, 그리고 2002년 정치사회적 맥락 속에서 구성되었다. 참여세대가 월드컵과 노무현의 대통령 당선으로부터 규정되지만, 그들은 신세대가 지니고 있던 정보통신 네트워크를 확장, 발전시켰다. 신세대가 PC통신을 통해서 문화를 확장했다면, 참여세대의 중심에는 인터넷이 있었다.[18] PC통신 시기에 형성된 공동체와 문화 현상들은 인터넷으로 이어지면서 지속적으로 유지되거나 변형되었다. 참여세대는 정보통신의 활용 능력과 매체 활용에 있어서 신세대의 유산을 이어받았다. 참여세대가 광장을 통해서 현실정치에 참여하기 시작한

---

[18] 신세대의 주요 네트워크는 PC통신이었다. PC통신은 1980년대 후반부터 성장하기 시작했다. 강명구(2007)는 한국 통신 커뮤니티의 역사를 'BBS 시기'(1987~1991), 'PC통신 시기'(1992~1999), '인터넷 시기'(2000~현재)로 구분했다. 참여세대의 네트워크는 인터넷이었다.

것은 광주세대(혹은 386세대)의 영향이었다. 사실상 2002년 이후 광장 정치를 이끈 주체는 386세대이그 젊은 세대들은 이들과 강한 정서적 공감대를 이루었다. 노구현은 이 연결고리의 중심에 있었다.

참여세대가 2002년 월드컵과 대선을 통해 강한 연대감을 가질 수 있었던 이면에는 IMF 경제 위기가 있었다. 한국 사회는 1997년 IMF를 겪으면서 중산층이 무너지고 대량 실업이 발생하는 고통을 겪었다. 1999년 한국 사회는 IMF로부터 탈출했지만 그렇다고 중산층이 회복된 것은 아니었다. 비정규직의 확대와 청년 실업 등으로 말미암아 더중은 여전히 좌절감을 느끼고 있었다. 조금씩 경제 회복이 이르어지는 과정에서 맞이하게 된 월드컵의 축제와 새로운 정치에 대한 희망은 그만큼 거대한 결집력과 폭발력을 가질 수밖에 없었다.

참여세대의 의식과 행위

제일기획 보그서(2003)는 참여세대의 의식을 세분화했다. 의식과 행동의 두 축을 중심으로 1,600명의 대상자 집단을 네 가지로 분류했다.[19]

핵심층은 혁신적, 감성적 성향을 가지고 있고 인터넷 정보의 발신자로서 사회적 의견을 선도하는 집단으로 대학생과 사회초년생들이다. 행동층은 핵심층과 같이 적극적이고 감성적 성향을 가지고 있으나 사회의식보다는 소비와 생활의 즐거움

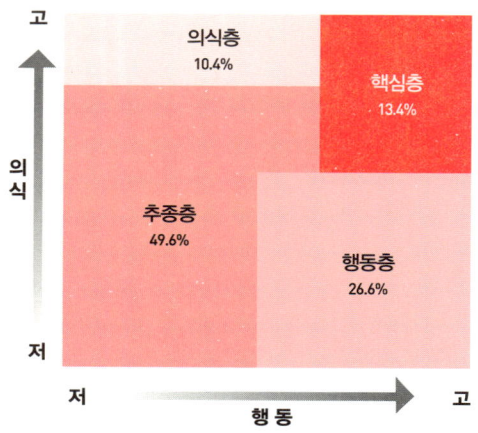

그림 2-1 참여세대 행위와 의식 범주

을 추구하는 소비문화 집단으로 고등학생과 대학생들이 주를 이룬다. 의식층은 신중함과 이성적 성향이 있으며, 얻은 정보를 도구로 활용하고 공익에 관심이 많은 정치 지향적 집단으로 전문직, 사무직 종사자들이다. 추종층은 소극적이며 수동적이고 건강, 재산, 가족 등에 관심이 많은 개인적 가치 중심의 집단으로 주부나 직장인 등이다.

참여세대의 네 가지 유형은 세대가 하나의 단위로 묶일 수

---

19   제일기획이 호명한 네 집단의 명칭이 적절해 보이지 않는다. 의식층은 의식은 높으나 행동으로 참여하지 않는다는 점에서 사고 중심적 집단으로, 행동층은 감성적이고 적극적 소비를 추종한다는 점에서 소비문화 집단으로 볼 수 있고, 핵심층은 적극적인 선도 집단이며, 추종층은 개인적 가치추구 집단으로 불릴 수 있다.

있다고 하더라도 이들이 동질적인 집단은 아니라는 것을 보여준다. 여기서 흥미로운 사실은 사회 변화에 대한 참여는 핵심층-행동층-의식층-추종층의 순으로 나타났다는 것이다. 참여세대의 특징을 잘 보여주는 집단은 핵심층과 행동층이다. 따라서 십 대 후반에서 이십 대 중후반이 참여세대의 주축을 이룬다고 볼 수 있다.

참여세대는 이전 세대 문화를 계승하면서 동시에 통합하는 문화적 성격을 보여준다. 참여세대는 광장 응원, 촛불집회, 정치 참여, 인터넷의 이용 등을 통해서 더 적극적으로 자신의 정체성을 표현한다. 동시에 개인주의와 자유주의적 가치를 추구하면서 소비문화에 많은 관심을 보여준다. 참여세대는 젊은 층의 자발적 집단화와 공동체 의식 그리고 개인주의적 세대 문화라는 이중적 특성을 지니며, 하나의 이념 지향성을 가지지도 않는다.

02 2002년 게릴라 전사들

2002 한일월드컵은 5월 31일부터 6월 30일까지 열렸다. 국민은 월드컵의 열기 속으로 빠져들었다. 월드컵 기간에 다른 쟁점들은 국민적 관심사에서 벗어났다. 2002년 6월 13일 지방선거가 있었지만, 사회적인 무관심으로 48.8퍼센트라는 최저 투표참여율을 기록했고, 당일 신효순, 심미선 두 여중생이 미군

장갑차에 깔려 사망했지만 주목받지 못했다. 6월 29일에는 연평도 인근 해역에서 서해교전(제2연평해전)이 발생하여 여섯 명이 전사하고 열여덟 명이 부상했지만, 혼란은 일어나지 않았다. 텔레비전은 전체 64개의 월드컵 경기 모두를 중계했다. KBS 60경기, MBC 46경기, SBS 47경기가 안방으로 전달되었다. 방송 3사의 메인 뉴스의 70퍼센트가 월드컵 뉴스로 채워질 정도였다.

월드컵은 거대 자본과 미디어가 연출해내는 자본주의의 상품이면서 동시에 대중들의 감격과 열기를 모아 사회 통합을 이루어내는 의례ritual다. 한국 현대사에서 2002년 월드컵 때만큼 '절대 공동체'를 강하게 경험한 적은 없었을 것이다. 1988년 서울올림픽도 2002년 월드컵과 비견될 수 없었다. 서울올림픽은 정당성을 얻지 못한 정치권력에 의해서 기획되었다는 점에서 비판적 시각도 적지 않았다.

붉은악마

2002년 한일월드컵의 응원 문화를 이끈 것은 '붉은악마'였다. 붉은악마는 1995년 PC통신 하이텔 축구 동호회에서 출발했다. 1998년 프랑스월드컵 아시아 예선을 앞두고 '그레이트 한국 서포터즈 클럽'Great Hankuk Supporters Club이라는 임시 이름으로 활동을 시작했다. '붉은악마'라는 명칭은 1997년 8월 공모와 토론을 통해서 확정되었다(http://www.reddevil.or.kr).

붉은악마의 상징은 치우천왕蚩尤天王이다. 치우천왕은 배달국의 14대 천왕으로 군신軍神으로서 승리를 상징한다. 치우천왕이 그려진 치우천왕기는 세계 정상에 우뚝 서는 한국 축구의 승리를 기원하는 소망을 담고 있다. 2002년 월드컵 대회를 거치면서 붉은악마는 홈페이지에 등록된 회원만 30만 명에 육박할만큼 거대한 단체로 성장했다.

출처 : www.reddevil.or.kr
그림 2-2 붉은악마 치우천왕

이순형(2004)은 붉은악마가 2002년 월드컵 이후 한국 사회에 미친 영향을 다섯 가지로 정리했다. i) 인터넷 동호회 문화의 형성, ii) 평화적 시위 문화 정착, iii) 레드 콤플렉스 극복, iv) 부패 신화 극복, v) 감성, 일방 소통문화 형성이 그것이다. 비록 붉은악마가 월드컵 이후 한국 사회에 영향을 미친 것은 사실이지만, 그의 주장은 다소 과장되었다. 인터넷 동호회가 확대되기 시작한 때가 이미 1990년대 초반이었고, 또 단순히 붉은악마의 등장과 평화적인 시위 문화가 정착한 시기가 같다고 해서 붉은악마가 평화적인 시위 문화를 정착시키는 데 큰 영향을 미쳤다고 보기 어렵다.

붉은악마가 한국 사회에서 가지는 의의는 온라인과 오프라인의 공간을 접목시키면서 광장과 축제의 공간을 만들며, 그것

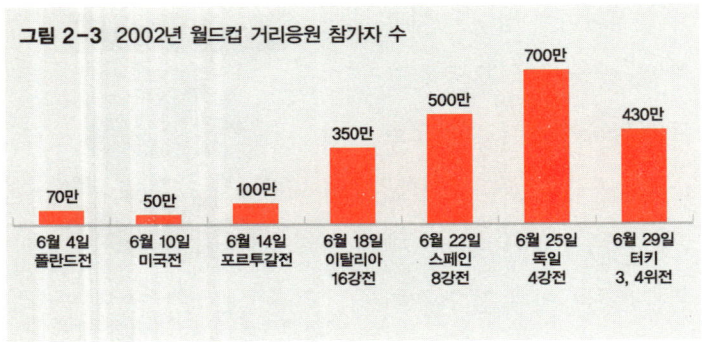

그림 2-3 2002년 월드컵 거리응원 참가자 수

을 역사적 기억으로 구성하는데 일조했다는 데 있다. 붉은악마는 월드컵 기간에 축구와 대중의 매개자 역할을 했다. 2002년 6월 4일, 한국과 폴란드 경기 때 거리 응원을 주도한 것은 붉은악마였다. 서울 35만 명, 전국 70여만 명이 광장에 모이기 시작했다. 6월 25일 독일과의 경기 때는 절정을 이루었다. 전국에서 700만 명이 쏟아져 나왔다. 붉은악마는 더 이상 국가대표 축구응원단이 아니라 국민 전체가 되었다.

월드컵의 사회문화적 의미

붉은악마에서부터 시작된 2002년 월드컵 거리 응원은 우리 사회의 변화를 촉발시켰다. 월드컵의 사회문화적 의미는 다섯 가지로 요약될 수 있다.

첫째, 월드컵은 세대적 만남과 장소를 제공했다. 월드컵은 거대 미디어 이벤트였지만, 추동력은 세대 자체였다. 1990년대 초반 신세대는 자신들만의 스타일, 취향, 의식을 추구함으로써 기성세대와는 거리를 두었다. 그러나 월드컵은 세대와 세대가 만나는 계기를 마련했다. 세대적 만남의 장소는 광장이었다. 1999년 초고속 인터넷망이 깔리면서 사이버 공동체는 젊은 세대의 공간이 되었다. 사이버 공동체는 특정 주제나 특정 영역을 중심으로 형성되었기 때문에 세대 일반이나 대중 전반이 참여할 수 있는 보편적 공간은 아니었다. 월드컵의 광장은 이 한계를 극복하는 역할을 담당했다.

광장의 발견에 있어 전광판의 역할도 무시할 수 없었다. 전광판은 단지 광장에서 화면을 보여주는 역할을 했다기보다 장소의 부수적인 매체로 군중의 결집을 강화시켰다. 전광판이 만남의 촉매제 구실을 한 것이다. 전광판은 광장에서 중요한 미

그림 2-4 월드컵 광장 응원

장셴이었다. 전광판을 통해서 광장에서 응원하는 모습이 비치면 시민은 더욱 열광했다. 광장이 즐거운 축제와 정치 운동의 장소로 바뀐 것이다.

둘째, 월드컵 거리 응원은 비정치적 사건이었으나 이를 계기로 동반 참여자 수가 늘어나게 되었고, 함께 즐기는 퍼포먼스로서 집합 행동이라는 양식이 정착되었다. 이것은 2002년부터 이어져서 촛불집회로 확대되었다.

셋째, 시민들이 월드컵 기간에 경험한 것은 '절대 공동체'였다. 대부분의 시민이 한국 사회에서 절대 공동체를 경험한 적은 거의 없었다. 있었다해도, 1945년 해방 때였을 것이다. 혹은 1980년 광주 민주화 운동 기간에 광주라는 지역 내에서 부분적으로 경험했을 가능성이 있었다. 월드컵 기간에 범죄가 줄어들었다는 사실은 그만큼 공동체라는 인식이 강화될 수 있음을 보여준다. 여러 세대가 함께 모여서 "대~한민국!"을 외치고 손뼉을 치면서 공동체를 확인했다. 절대 공동체의 경험은 하나의 역사적 집단 기억으로 남는다는 점에서도 중요한 의미를 지닌다.

넷째, 중고등학생들이 광장에 모인 것도 의미 있는 경험이었다. 그동안 중고등학생들은 공적으로 더불어 모일 수 있는 경험을 거의 할 수 없었다. 그들은 학교와 가정에서 받은 억압을 월드컵 기간 중에 분출했다. 특히 여학생들의 열광은 주목받을 만했다. 아마도 여학생들이 남학생보다 일상생활에서 더 억압을 받았기 때문이 아니었을까 싶다. 부모들은 월드컵 기간에 자녀가 광장에 나가 응원하는 것을 허용했다. 이 기간에 중고생들이 다른 세대와 함께 겪은 집단 경험은 광장의 의미를 확대했다.

다섯째, 젊은 세대는 월드컵을 통해 하나가 되는 아시아를 경험했다. 태국이나 일본 등의 젊은 세대도 한국을 응원했고, 열악한 조건에서 일하는 동남아시아 외국인 노동자들도 함께 응원에 참여했다. 동남아시아 젊은 세대가 함께 아시아를 공유하고 경험했다는 것은 의미 있는 일이었다.

월드컵의 열기는 2002년 대통령 선거로 이어졌다. 〈한겨레신문〉은 2002년을 회고하면서 다음과 같은 사설을 실었다.

> 올해는 우리 사회에 유난히도 큰일이 많이 일어난 해였다. 변화 물결이 어느 때보다 도도했고 시대적 흐름을 나타내는 굵직굵직한 일들이 닮았다. …… 그 첫손가락에 꼽을 수 있는 것이 월드컵 4강 진출이다 '꿈은 이루어진다'라는 표어가 상징하듯이, 우리 선수들의 선전과 월드컵 4강 진출은 민족의 자신감과 자존심을 일깨운 쾌거였다. 붉은악마들을 중심으로 자연스레 벌어진 거리 응원은 한바탕 신명나는 잔치였다. ……
> 노무현 대통령이 탄생하는데 결정적 구실을 한 정치참여 열기와 정치개혁 요구도 같은 흐름의 연장선에 있다. 노 대통령의 탄생은 '국민경선'이란 참여 민주주의를 통해 그 싹이 튼 것이기에 더욱 뜻깊다. 노무현 후보는 노사모 회원들을 중심으로 한 자발적 참여자들의 지지에 힘입어 민주당 후보로 확정됐고, 우여곡절을 거쳐

마침내 당선의 감격을 맛보았다.(《한겨레신문》, 2002년 12월 31일 자)

월드컵 거리 응원과 노무현 열풍 사이에는 상동 관계 homology를 지닌다. 둘 사이의 근원과 발전 과정은 밀접한 관계를 맺고 있기 때문이다. 외형적으로 두 현상 사이에 직접적인 관계는 없어 보이지만, 참여와 공동체 구성이라는 측면에서 조응 관계를 맺는다.

노무현과 노사모

노무현은 1988년 부산 동구에서 제13대 국회의원으로 당선되면서 등장했다. 1981년 부림 사건을 맡기 전까지 그는 여느 법조인과 차이가 없었다. 그는 부림 사건 변론 이후 인권 변호사로 행로를 바꾸었다. 그의 인생은 대통령에 당선되기 전까지 지역 갈등 해소와 동서화합, 더불어 사는 세상을 꿈꾸기 위한 도전으로 이어졌다. 그는 1988년 5공 청문회에서 정치 스타로 부상했지만, 1990년 3당 합당을 거부하면서 고난과 희망의 길을 함께 걸었다. 1992년 14대 총선, 1995년 부산시장 선거, 1996년 제15대 총선에서 연이어 낙선했다. 1998년 종로구 보궐선거에 당선되었지만, 2000년 16대 총선에서 종로 지역구를 포기하고 부산에 출마해서 다시 낙선했다. 2000년 16대 총선에서 낙선은 그에게 중요한 계기를 마련해주었다. 노사모가 발족했기 때문이다.

노사모는 '노무현을 사랑하는 사람들의 모임'의 줄임말로 한국 최초의 정치인 팬클럽입니다. 노사모는 지역과 나이를 초월해 지역을 통합하고 새로운 정치문화 창달을 위해 자연발생적으로 탄생했습니다. 노사모의 발생배경은 2000년 총선 당시 지역통합과 동서화합을 앞세워 부산에서 출마한 노무현 후보가 낙선하자 이를 안타깝게 여긴 여러 네티즌들이 뜻을 모아 자발적으로 만든 정치인 팬클럽입니다. 노사모의 특징은 구성원 전체가 아무런 반대급부 없이 노무현 민주당 고문이 국민경선에서 대통령 후보로 나설 수 있도록 돕고 더 나아가 대통령에 선출될 수 있도록 여러 가지 운동을 하고 있다는 것입니다. 대부분 삼사십 대 직장인으로 이루어진 노사모 회원들은 직장활동 외에 온라인, 오프라인 활동을 통해 '노무현 대통령 만들기'를 위해 최선을 다하는 한편, 올바른 정치문화를 만들기 위해 부심하고 있습니다. (http://old2.nosamo.org)

노사모는 한국 정치사에 새롭게 나타난 자발적인 정치인 팬클럽이었다. 2000년 4월 13일 총선에서 노무현 후보가 낙선하자 그의 홈페이지에는 하루에 1,000건 이상의 글이 올라왔고 3,000명 이상 방문하면서 수차례 서버가 다운되기도 했다. 시민들은 노무현을 '바보'라고 부르며 새로운 공동체를 결성한 것이다. 지역패권주의나 지역할거주의라는 한국 정치의 거대한 벽에 도전했던 노무현의 정신은 노사모로 구체화되었다. 노사모는 '참여'와 '감동'이라는 새로운 정치 문화를 만들었다.

노사모는 정치인 후원회나 연예인 팬클럽과는 달랐다. 기존 정치인 후원회는 자발적인 모임이 아니라 후원금을 모집하기 위한 목적에서 조직되었지만, 노사모는 자발적인 모임이었을 뿐만 아니라 정치적 지향점을 함께 추구하는 집단이었다.

1990년대 중반부터 활성화된 연예인 팬클럽은 청소년이 주축이 되었다. 물론 그 이전에도 팬클럽은 있었지만, 일탈의 관점에서 부정적으로 평가되었고, 팬클럽 회원들이 함께 공유할 수 있는 공간은 제한적이었다. PC통신 정도가 공유의 공간을 제공했다. 그러나 스타 팬클럽은 특정 스타 개인에 집중되었기 때문에 공적 관계로까지 나아가지는 못했다. 이에 비해 노사모는 기존 연예인 팬클럽이 진화되어 나타난 형태였으며, 그 주축이 기성세대이고 정치 영역에서 등장했다는 점에서 특이한 현상이었다.

노사모가 기존 정치인 후원회나 스타 팬클럽과 구별되는 점은 노사모 스스로 정체성을 규정한 두 개의 슬로건, '자유로운 개인들의 느슨한 연대'와 '노무현 없어도 된다. 시스템의 정치!'를 보면 알 수 있다. 느슨한 울타리는 기존 정치적 결사의 대표적인 형태인 확고한 신념과 이념의 공유, 보스에 대한 충성도 등의 기준과 다르다. 물론 스타와의 일체감, 동일시, 그리고 과다할 정도의 감정적 친밀성을 보여주는 스타 팬클럽과도 다르다.

노사모는 모든 사람에게 영향력을 행사하는 미리 규정된 원칙에 의해서 움직이기보다 토론을 거쳐 스스로 관습과 규칙을 만들어갔다. 이것을 통해 개개인의 '수평적 연대'가 가능했

표 2-2 노사모의 초기 활동

시기	활동
2000.4.15	'늙은 여우' 네티즌이 노무현 팬클럽 제안
2000.4.17	노무현 팬클럽 임시 게시판 개설
2000.5.17	노사모 홈페이지 오픈
2000.5.26	대학생 모임 '노벗' 탄생
2000.6.6	노사모 PC방 창립총회
2001.9.6	동서화합 자전거 달리기 행사
2001.12.22	노사모 국민경선 대표의원회 결성
2002.10.8	백두대간 따라 단풍 따라 동서화합 남북통일 행사

다. 그리고 무엇보다 중요한 것은 개개인의 '수평적 연대'가 회원들에게 참여자의 가치를 부여한다는 점이었다(박세종, 2002, 4쪽).

노사모가 한국 정치, 사회 문화에 미친 영향은 참여의 가능성을 열어 놓았다는 점이다. 노사모는 체계적인 전국적 소모임으로 구성되었다. 소모임들은 모래알처럼 각각 행동하는 것이 아니라 필요할 때에 뭉치는 결집력을 보여주었다. 각각의 회원들은 평소 일상생활을 하다가 쟁점이 발생하면 하나의 모임처럼 결집했다. 노사모는 다른 정치인들의 사이트와 달리 온라인 운영이 자유롭다는 점에서 참여 정치의 가능성을 높여주었다. 노사모 게시판은 마스터가 일방적으로 운영하는 것이 아니라 회원들이 자유롭게 글을 쓰고 지울 수 있게 되어 있으며, 그에 따른 책임도 회원들에게 있었다. 이것은 하향식 정책 결정이 아닌, 피드백이 가능한 상향식 결정 방식으로 노사모의 가장 큰 특징이었다.

　노사모 회원들은 노무현의 원칙과 소신 그리고 그의 정책을 지지하여 모였지만, 그렇다고 해서 무조건적인 지지를 보낸 것은 아니다. 노사모는 한미 FTA 협상이나 이라크 군대 파견 등의 사안은 비판하기도 했다. 이들은 하나의 쟁점이 발생했을 때 함께 생각하고 토론하며 그것의 의미를 밝혀내고, 이해와 합의를 도출했다. 노사모는 노무현에 대한 지지와 더불어 견제와 비판의 기능을 함께 수행한 팬클럽이었다.

　386세대는 노사모의 중심이었는데, 이들은 1987년 6월 민주화 항쟁을 이끌었던 주축이었다. 물론 노사모는 386세대에 국한된 것이 아니라 '세대와의 만남'을 추구했다. 1970년대 대학생이었던 청년문화 세대(혹은 475세대. 당시 사십 대, 70년대 학번, 50년대 출생)를 편입하고자 했고, 정치에 관심이 없었던 1990년대 초반 신세대도 끌어들였다. 노사모는 세대의 수평적 만남을 시도했다. 여기에는 인터넷이 매개가 되었고, 스타에 국한되었던 팬덤fandom 현상이 정치 현실에도 접합되었다.

03 촛불의 게릴라전

2002년 11월 이후 촛불집회는 성공적인 비폭력 게릴라전이었다. 2002년부터 2008년까지 촛불집회의 원인이 된 다섯 가지 큰 사건 – 효순·미선 양 추모, 이라크 파병 반대, 김선일 씨 추모집회, 대통령 탄핵반대, 미국산 쇠고기수입－이 있었다. 촛불집회는 과거처럼 특정 정치 조직이나 제도에 의해서 유도된 것이 아니라 네티즌의 발의에 의해서 촉발되었다. 대중은 게릴라처럼 기동성 있게 집회를 주도하고 다양한 전략과 전술들을 개발했다. 또한 온라인과 오프라인에 다양한 진지를 구축하기도 했다.[20]

촛불집회의 전개

2002년 6월 13일, 신효순, 심미선 두 여중생이 미군 장갑차에 희생되었지만 월드컵 열기 속에서 큰 관심을 끌지 못했다. 이 사건 관련자인 미군에 무죄평결 소식이 전해지자 비로소 시민들은 관심을 갖기 시작했다. 11월 26일 서울 종로 YMCA회관에 모인 100여 명의 시민이 촛불을 들고 불평등한 한미관계 개선, 미군의 사과 등을 요구했다. 11월 28일 서울의 한 보습학원 강사인 네티즌(당시 29세, ID 앙마)이 인터넷 게시판에 두 여중생의 영혼을 위로하고 미국에 항의하자며 촛불집회를 처음 제안했다. 11월 30일부터 미 대사관 옆 광화문 사거리에서 열린 촛불집회는 전 국민적인 행사가 되었다.[21]

---

20 촛불집회와 관련된 인터넷 진지들로는 다음 아고라, 미친소닷컴, 안티MB 카페, 촛불소녀 코리아 촛불여행자들의 모임, 소울드레서, 82쿡닷컴, 쌍코, 마이클럽 등이 있다.

지난해 11월부터 현재까지(2003년 9월 20일) 촛불시위에 참여한 총인원은 어느새 500만 명을 넘어섰다. 많게는 수십만 명에 이르던 참가자가 요즘 평일 10~20명, 주말 30~40명 정도로 줄어들긴 했으나 촛불시위는 비가 오나 눈이 오나 계속 이어지고 있다.(《문화일보》, 2003년 9월 20일 자)

2002년 11월에 시작된 촛불집회는 일회성 행사로 끝나지 않았다. 효순·미선 양 추모 촛불집회는 1년이 넘게 매일 이어졌다. 효순·미선 양 촛불집회는 이라크 파병 반대 집회와 맞물려서 확대되었다. 2003년 3월 15일에는 '전쟁반대 평화실현 공동실천'과 '여중생 사망사건 범국민대책위원회'가 공동으로 서울 종묘공원에서 '이라크 침공·한반도 전쟁위협 반대 3·15 반전평화 촛불 대행진'을 개최했다. 3월 22일에는 전국적으로 3만 명이 모여 전쟁 반대 집회를 열었다.

2004년 3월 12일 노무현 대통령에 대한 탄핵소추안이 가결되자 탄핵 철회를 요구하는 대규모 집회가 전국적으로 열렸다. "12일 여의도에 1만 2천여 명, 13일 광화문에 7만 여명, 14일 4만 5천여 명 등이 모여 촛불집회"(《동아일보》, 2004년 3월 15일 자)에 참여했다. 탄핵 철회 촛불집회는 2004년 6월 22일 김선일 씨가 피살되자 추모집회로 전환되었다. 이것은 다시 이라

---

21   2002년 11월 30일에 1만여 명, 12월 30일에는 6만여 명이 추모 촛불집회에 참여했다.

크 파병 반대와 맞물리면서 확대되었다. 2004년 6월 23일 촛불집회에서는 노래패 꽃다지 등이 공연을 했고, 검은 리본 달기, 분향소 설치 및 파병 반대 현수막 내걸기, 파병 반대 글쓰기 등이 제안되었다. 2008월 5월 2일에 시작된 한미 쇠고기협상 관련 촛불집회는 8월 15일까지 100회에 걸쳐서 열렸고 한국 사회를 뒤흔들었다.

효순·미선 양 추모집회에서 시작된 촛불집회의 주체는 이십 대부터 사십 대를 주축으로 한 자발적 시민들이었다. 이들은 1987년 6월 항쟁부터 2002년 한·일 월드컵 거리 응원 등을 경험했다. 이들은 정치적으로 친노親盧에 가깝지만 그렇다고 친노 세력만이 촛불집회에 참여한 것은 아니었다. 효순·미선 양의 촛불집회에 참여했던 사람들은 평범한 일반 시민이었고, 노무현 대통령 탄핵 철회는 친노가 주도했지만, 이들만의 전유물은 아니었다. 파병반대 시위의 경우 친노 세력이 주축이었다고 볼 수도 없다. 1980년대 민주화운동의 경험을 간직한 세대로부터 월드컵 거리 응원의 세대가 동참했다. 촛불집회는 특정 이념집단에 의해서 유도된 것이 아니었다.

이들 세대가 함께 만나게 된 연결고리는 민족주의와 민주주의 그리고 '상식의 정치'였다. 대통령 탄핵 반대를 제외하면 나머지 촛불집회는 직간접적으로 미국과 관련되어 있다. 효순·미선 양 추모집회는 미국에 대해 변변한 항의나 진상 규명조차 요구하지 못했던 약자의 한이 분출된 것이었다. 억울하게

표 2-3 주요 촛불집회 과정

시기	활동
2002.11.30	네티즌 앙마가 제안 광화문에서 촛불집회
2003. 3.15	이라크 파병 반대 반전평화 촛불대행진(종묘공원)
2004. 3.12	대통령 탄핵 철회 촛불집회
2004. 6.23	김선일 씨 추모 촛불집회
2008. 5.2	광우병 촛불집회
2008. 6.5	72시간 릴레이 촛불집회
2008. 6.10	6월 항쟁 21주년 촛불 문화제

죽은 여중생의 문제가 제대로 해결되지 못하는 배경이 '한미 주둔군 지위협정'(한·미 SOFA)의 불평등에 있다는 점이 인식되기 시작했고, 이에 대한 논란으로 이어졌다. 결정적으로 11월 18일과 21일, 무죄평결을 받은 가해자가 본국으로 귀국했다는 사실은 더 큰 분노를 일으켰다. 이라크 파병 반대와 김선일 씨 죽음 사이에도 역시 미국이 있었다.

2003년 3월 초 이라크 파병에 대해서는 부정적 견해가 적지 않았다. 경제적 이익 혹은 정치 외교 안보가 걸려 있는 문제였지만 명분 없는 전쟁이라는 의견이 더 많았다. 정부는 국가안보와 미국과의 관계 때문에 파병의 불가피성을 역설했다. 그러나 2004년 6월 22일 아랍계 무장단체 알카르자위에 피랍되었던 가나무역 직원 김선일 씨가 피살되면서 거센 분노를 자아냈다. 한국은 미국과 우방 관계를 맺고 있지만 이라크 파병은 자발적이기보다 선택된 강요이고, 이것이 김선일 씨 죽음을 초래했다는 인식이 지배적이었다.

2004년 노무현 대통령 탄핵 철회 촛불집회는 '소박한 민주주의' 지키기였다. 2004년 3월 12일 국회에서 다수당의 횡포로 탄핵소추안이 가결되었다. 민주화의 상징인 국민투표로 선출된 대통령의 직무가 정지되는 사태가 발생한 것이다. 국민이 뽑은 대통령을 여론 수렴 없이 다수당의 국회의원들이 일방적으로 탄핵할 수 있다는 사실은 국민에게 충격으로 다가왔다. 설득력이 높지 않은 이유를 가지고 다수 국회의원이 대통령을 탄핵했다는 것은 명분이 서지 않는 일이었다. 따라서 촛불집회에서 '민주수호'와 '탄핵 반대'라는 구호는 명분을 얻을 수 있었다.[22]

광우병 촛불의 기동전

2008년 촛불집회는 그동안 나타난 현상들이 복합적으로 얽혀 폭발했다. 2008년 촛불집회를 촉발시킨 것은 4월 29일에 방송된 〈PD수첩〉의 '미국산 쇠고기, 과연 안전한가?'였다. 〈PD수첩〉은 쇠고기 수입과 관련해 국민 건강의 보호와 검역주권이라는 차원에서 한국 사회의 중요한 의제를 설정했다. 촛불집회를 점화시킨 것은 미국산 쇠고기 전면 수입이 가져올 광우병의 위험이었다. 2008년 촛불집회는 5월 2일 청계 광장에서 여고생들이 '미친 소 반대'의 구호를 외치면서 점화되었다. 5월 31일 '청와대 진출 투쟁', 6월 5일부터 8일까지 '72시간 릴레이 국민행동'은 '무박 3일 국민대토론회'를 열었다. 6월 7일에도

'협상 무효, 대통령 퇴진'이 주장되었고, 6월 10일 민주항쟁 21주년을 맞아 전국 100만 촛불 문화제를 통해서 정점에 이르렀다. 서울에서 70만여 명을 비롯하여 전국 각지 80여 곳에서 100만 명 이상이 참여했다.

광우병 촛불집회는 게릴라의 기동전을 보여주었다. 집회 참가자들은 촛불집회가 진행되는 동안에 다양한 전략과 전술을 즉각적으로 개발하면서 경찰과 대치했다. 〈시사IN〉(2009년 4월 27일 자)과 《촛불 그 65일의 기록》(경향신문사)을 기초로 촛불집회의 기동전 양상을 다음과 같이 살펴볼 수 있다.

> 5월 2일: 서울 청계광장에서 '쇠고기 수입반대 촛불문화제'가 열렸다.
> 5월 14일: 경찰이 촛불문화제를 불법으로 규정하고 주도자들을 사법처리하기로 하자 사이버 경찰청 홈페이지에는 나를 잡아가라고 '자수'하는 네티즌으로 북새통을 이뤘다.
> 5월 18일: '미주 한인 아줌마 모임'이 점화한 '광우병 소 반대 리본 달기'가 온·오프라인에 확산되었다. 김장훈, 윤도현 밴드 등의 연예인들도 촛불문화제에 참여했다.

---

22 김동환·김헌식(2005)은 촛불집회를 티핑 포인트(tipping point), 약자의 선순환, 트리거를 통해서 흥미롭게 기술한다. 이들에 따르면 촛불집회는 약자들(효순·미선 양 추모집회에서는 한국, 탄핵반대 시위에서는 시민 등)이 특정한 계기(tipping point)를 통해서 특정 트리거(효순·미선 양 추모집회의 경우 앙마, 탄핵반대의 경우 인터넷과 텔레비전 등)의 유도로 확대되었다는 것이다. 이와 같은 주장은 설명력은 있으나 지나치게 기능주의적인 시각을 보여준다.

그림 2-5 광우병 촛불집회 사진 : 광장은 의례의 장소가 되었고, 참여자들은 놀이를 통해 저항했다.

5월 24일: 밤새우며 인터넷으로 집회 중계를 보는 '재택집회' 문화가 등장했다.

5월 27일: 시청 앞 광장에서 시위대 113명이 제 발로 '닭장 차'에 올랐다.

5월 29일 유모차 부대와 예비 군복을 입은 전역 군인들이 처음 등장했다.

5월 31일: 경찰의 물대포와 소화기가 최초로 등장했다. 촛불의 '배후 세력'을 자처하는 '김밥 부대'도 이날 등장했다.

6월 3일: 시청 앞 건널목 시위가 열렸다.

6월 2~8일: 72시간 연속 집회가 열렸고 광화문 일대 거리는 '국민MT' 장소가 됐다. 새벽까지 강연을 듣고 공연을 즐기며 촛불 주위에 둘러앉아 난상토론을 벌이는 집회 문화가 열렸다.

6월 10일 6·10항쟁 21주년을 맞은 '100만 촛불 대행진'이 전국적으로 열렸다. '명박·산성'이 등장했고, 촛불집회 최대 인파가 모였다(경찰 추산 8만 명, 주최 측 추산 70만 명).

6월 12일: 촛불문화제에 기발한 아이디어가 넘쳐났다. 천편일률적인 구호 대신 "불법주차 차 빼라" 등 재기 발랄한 문구가 주를 이뤘다.

6월 13일: 촛불이 언론 이슈로 옮아붙었다. 광화문에 모였던 시위대가 갑자기 여의도 KBS로 향했다. KBS 본관 앞에는 커피와 라면을 끓여주는 자원봉사자 '다인아빠의 밥 차'가 등장했다.

6월 21일: 시민들이 '명박산성'을 지키고선 전경버스에 밧줄을 묶어 잡아당겼다. '명박산성'을 능가하는 '국민토성'을 쌓아 광화문 네거리를 막은 전경버스 위에 올라가 깃발을 흔들며 "재협상 촉구"를 외쳤다.

6월 28일: 촛불집회 기간 중에 가장 격렬한 충돌이 벌어졌다. 시위대 300여 명과 경찰 100여 명이 다쳤다.

6월 30일: 천주교정의구현전국사제단이 시청 광장에서 시국 미사를 열었다. 이후 7월 3일에는 개신교계, 7월 4일에는 불교계가 잇따라 기도회와 시국법회를 열었다.

7월 5일: 6월 10일 이후 최대 인파가 다시 광화문을 메웠다.

8월 15일: 대규모 가두집회로는 마지막 촛불집회가 열렸다.

2008년 촛불집회의 원인은 무엇인가? 이와 관련해서 보수와 진보의 시각은 판이하다. 보수 진영은 촛불집회를 광우병 파동으로 규정하고 이념 갈등이 핵심이었다는 점을 강조한다. 《거짓과 광기의 100일》(2009)은 보수 시각을 대변한다. 보수 시각에 따르면, 촛불집회는 민주화된 정권을 상대로 특정한 정책적 요구를 하는 '시위'에 불과한 것으로 광우병에 대한 허위의식이 확대되었으며, 민주주의에 이바지한 것이 아니라 민주주의의 위기였다고 평가했다.

보수 진영의 시각을 그대로 받아들이기는 어렵다. 2008년 촛불집회가 거짓과 광기의 집회였으며, 허위의식에 빠진 대중들이 잘못된 정보에 현혹되어 참여한 것이었다고 보기 어렵기 때문이다. 2008년 촛불집회가 광우병 파동만으로 촉발되었다는 평가는 편협한 시각이다.

2008년 촛불집회는 보다 거시적인 맥락에서 바라볼 필요가 있다. 그것은 이명박 정부와 진보 정치의 무능을 동시에 비판했다. 2008년 촛불집회는 '비즈니스 프렌들리'라는 규제 완화 정책과 노동의 배제와 억압, 공공 부문의 민영화 등으로 규정되는 신자유주의 정책에 대한 비판이었다. 동시에 대선 패배 이후 민주당이 보여준 패배주의는 대중들로 하여금 새로운 정치 공간을 희망하게 만들었다.

김상곤(2008)은 촛불집회의 역사적 의미를 일곱 가지로 설명한다. 첫째, 촛불집회는 국민 모두가 참여하는 민생 민주주의 축제 문화 운동이자 열린 민주주의의 교육장이었다. 둘째, 촛불집회는 인터넷민주주의와 직접민주주의의 전형으로 새로운 아크로폴리스를 제공했다. 셋째, 지시와 명령 없는 자율과 참여의 운동이 기본이 되었다. 넷째, 국민은 국가의 의무와 책임에 대해서 문제 제기를 했다. 다섯째, 국민건강권이 세대 간 대중적인 쟁점으로 부각된 것은 처음 있는 일이었다. 여섯째, 국가 간 교역상의 검역문제를 국가 주권의 차원으로 끌어올린 운동이었다. 일곱째, 정부의 신자유주의 시장화와 일방적 성장 중심의 정책 기조에 대항하는 운동이었다.

2008년 촛불집회로 인해 세대 간, 성별 간 사회정치 참여가 확대했고, 현대사에서 중요한 의례를 만들었다는 점에는 이의가 없다. 세대 간 만남과 더불어 중요하게 제기되어야 할 것은 여성의 참여다. 남성 중심의 거대 담론에 가려졌던 '생활정치'가 여성의 주도에 의해서 촉발되었기 때문이다. 권지희(2008)에 따르면, 유모차 부대의 등장은 온라인 카페 '유모차부대 엄마들'cafe.daum.net/Umom이 주도했고, '배운 여자'라는 신조어를 처음 사용한 곳은 국내외 패션 정보 전반에 관심 있는 2030 여성들의 온라인 카페 '소울드레서'cafe.daum.net/souldresser이며, 3040 주부와 전문직 여성이 주축을 이룬 요리 전문사이트 '82쿡닷컴'82cook.com은 조선·중앙·동아일보의 구독 반대 운동을 이끌었다. 2008년 촛불집회는 세대와 젠더가 만나는 새로운 정치문화 공간이었다.

04 의례를 통한 저항

2002년 월드컵 거리 응원으로부터 노무현 대통령과 직간접적으로 연결된 노사모나 탄핵 반대 집회 그리고 다양한 2008년 촛불집회는 '의례를 통한 저항'resistance through ritual[23]을 보여주었다. 광장은 의례의 장소였고, 다양한 의례의 형식들이 새롭게 개발되었다.

일반적으로 의례란 종교적 행위 혹은 신성화된 행위이며, 집단이 일련의 상징 형식을 매개로 상상적으로나 육체적으로 융합하는 과정이다(Geertz, 1973). 어느 사회에서나 대중, 특정 집단, 정치권력 등은 그들의 삶에 영향을 미치는 다양한 의례들을 만들어왔다. 대중은 기억할 만하거나 자신들 삶의 공간 내에서 정체성을 보여주는 '공동체의 이야기'를 구성해왔고, 권력도 정치적, 사회적 목적을 위해서 공적 의례를 만들었다. 근대 사회 이후 국가권력은 사회 통합을 위해 민족 정체성을 재현하는 상징 행위(민족기념식, 대중 행사 등)들을 만들어왔으며, 미디어와 자본이 결합한 월드컵이나 올림픽과 같은 미디어 이벤트를 계획해왔다. 또한 특정 지역의 집단은 축제라는 형식

---

[23] '의례를 통한 저항'은 1970년대 영국의 문화연구자들이 청소년 하위문화를 분석하면서 제기한 주장이다. 문화연구자들은 하위문화 집단의 정체성을 보여주는 요소로서 스타일(style)에 관심을 가졌다. 이들은 펑크족, 오토바이족, 민대머리족, 모드족 등과 같은 하위집단들이 사용하는 스타일을 저항의 상징적 형식으로 해석했다. 이들은 청소년의 일탈을 규범적 측면에서가 아니라 더 넓은 계급문화 사이의 관계 속에서 해석하면서, 하위문화가 전통적인 부모문화(parent culture)에 뿌리를 두면서도 그것에 도전하는 방식을 분석했다(Hall, S. and T. Jefferson(1976)). 헵디지(Hebdige, 1979)는 이와 같은 상징적 저항을 '기호학적 게릴라전'(semiotic guerilla warfare)이라고 불렀다. 여기에는 하위문화의 저항에 대한 회의적 견해가 담겨 있다. 왜냐하면, 진정한 사회문제를 기호와 도상만을 사용해서 상징적으로만 저항하기 때문이다.

을 통해 지역 정체성과 상업주의가 결합된 문화 행사들을 만들어왔다.

해방 이후 이승만 정권은 '국가 만들기'nation building를 위해서 시민 종교civic religion의 형태인 개천절, 민족 성지로서 효창공원과 남산 만들기, 국립공원, 현충일 등 국가 의례를 만들었다(강인철, 1999). 근대화 과정에서는 새마을 운동과 상상의 정치 공동체를 유지하기 위해서 전통 문화나 역사를 활용한 통합의 의례들을 만들었다. 1980년대에는 역사로부터 의례를 만들기보다 아시안게임, 올림픽, 축제 등을 통해서 기존의 의례를 정치적으로 활용해왔다. 1990년대 이후 지방자치 단체들이 상업주의와 지역 공동체를 위한 축제들을 개최했다. 대체로 한국 사회에서 의례는 '위로부터 계획된 것'이었다. 그러나 2002년 이후 만들어진 의례는 '아래로부터의 의례'였다. 광장 응원과 촛불집회로 대표되는 아래로부터의 의례는 민주주의와 민족이라는 상징을 공유하면서 저항적 성격을 보여주었다.

2002년 월드컵에서 시민들은 공유하는 의례 형식들을 개발했다. "대~한민국 짝·짝·짝·짝·짝"은 모두가 하나 되는 의례 형식이었다. 'Be The Reds'가 적힌 빨간색 티셔츠, 감동적인 문구들 – 'AGAIN 1966', 'Pride of Asia', '꿈★은 이루어진다', 'CU@K리그' 등 – 은 시민을 하나로 뭉치는 데 기여했다. 특히 '꿈★은 이루어진다'는 월드컵뿐만 아니라 한국을 상징하는 캐치프레이즈였다.

촛불집회에서도 다양한 의례 형식들이 만들어졌다. 효순·미선 양 추모 촛불집회가 열리기 전인 11월 27부터 네티즌들은 리본 만들기를 제안했다. "희생 여중생을 기리기 위해 검은 리본을 달자"며 인터넷 메신저에서 자신의 대화명 앞에 검은 리본(▶◀) 모양의 기호를 달기 시작했다. 그 뒤에 일부 네티즌들이 "검은 색은 조의弔意를 표하는 서양식이며 우리 전통은 흰 색"이라고 주장했고 흰 리본(▷◁)달기로 바꾸기도 했다. 다시 서양식 리본 대신 삼베 천을 나타내는 ▩로 바꿔달기가 확산되었다(김동환·김헌식, 2005, 88~89쪽). 이와 같은 인터넷상에서 리본 달기는 김선일 씨 추모, 2009년 노무현, 김대중 전 대통령 서거 시에도 계속 이어졌다.

2008년 촛불집회에서는 "대한민국은 민주공화국이다. 대한민국의 모든 권력은 국민으로부터 나온다"라는 헌법 1조 1항과

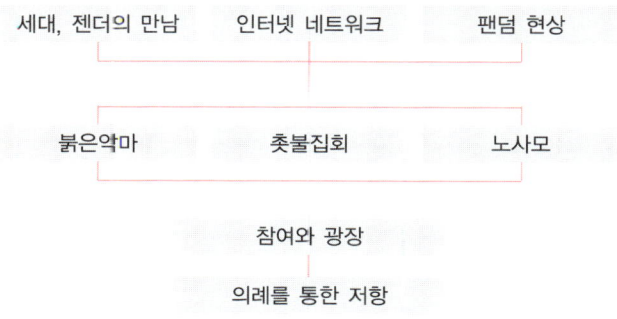

그림 2-6 참여 : 의례를 통한 저항

2항의 문구가 앞뒷면에 새겨진 티셔츠도 등장했다. 이것은 국민의 다수가 주인인 공화국에서 정치권력이 마음대로 권력을 행사될 수 없다는 것을 의미한다. 주인의 관점은 사라지고 절차만 남아있는 것이 절차적 민주주의라면, 이 문구는 이에 대한 비판이었다. 세종로길을 열 개의 컨테이너 박스가 가로막자 시민들은 이를 '명박산성'이라 이름 붙이며 조롱했다. 학생들은 미친 소를 패러디해서 '미친 교육'(학교자율화, 영어몰입교육, 등록금 급등)을 비판했고, 다양한 저항의 방법들이 개발되었다.

  1인 미디어도 저항의 방법으로 주목할 만했다. 2008년의 촛불집회는 이전보다 진화된 모습으로 바뀌었다. 다음 아고라 등을 통한 '토론' 및 '정보 축적', 현장에서 문자를 통한 상황 파악, 촛불집회 현장에서 직접 올리는 영상과 사진들, 촛불집회 과정에서 볼 수 있었던 많은 진화의 징표 속에서 무엇보다도 주목되었던 것은 정보를 누리꾼 스스로 제작하고 유통하는 모습이었다. 연예인 팬 카페 중심으로 제작된 '광우병 UCC'나 인터넷 카페 삼국연합(소울드레서, 쌍코, 화장발)이 보여준 플래시 몹 flash mob[24] 모음 등은 진화된 의례의 형식이었다.

  대부분 촛불집회 참가자들은 휴대폰 카메라나 디지털 카메

---

[24]   플래시 몹은 2003년 뉴욕에서 처음 시작된 것으로 불특정 다수가 인터넷을 통해 특정한 날짜와 시간에 정해진 장소에 모여 짧은 시간 안에 주어진 행동을 하고 동시에 흩어지는 새로운 놀이 양식이다.

라를 가지고 있었으며, 이것들로 찍은 사진과 영상을 인터넷에 올려 공유했다. 촛불집회 참가자들은 스스로 '미디어 생산자'가 되었다. 그들은 자신이 앉아 있는 곳의 모습이나 무대, 주변의 모습에 이르기까지 사진과 영상으로 남겼다. 이렇게 담겨진 사진과 영상은 얼마 지나지 않아서 카페를 통해 몇 월 며칠의 사진과 영상이라는 이름으로 모아졌다. 이와 같은 사진들은 때로 경찰의 폭력진압을 비판하는 데에 활용되기도 했지만, 보다 중요한 것은 '증언으로서의 기록'이었다. 나아가 사진과 영상을 넘어 실시간 영상 중계까지 등장했다. 〈아프리카〉를 통해 이루어진 실시간 중계는 새벽녘이면 '서울 광화문 앞 현장'으로 돌아왔다.

촛불집회는 촛불 문화제나 촛불 축제로 열리기도 했다. 의례를 통한 저항은 단순히 스타일의 저항을 의미하는 것은 아니었다. 저항의 형식과 내용은 새롭게 만들어졌고 저항의 대상도 분명했다. 이것은 1987년 6월 항쟁의 역사적 집단 기억이 월드컵을 통해서 매개되었고, 인터넷의 확대로 확장된 것이었다. 또한 세대와 세대가 만나면서 집단 기억을 공유하고, 민주주의에 대한 성찰을 가능하게 만들었다. 이런 점에서 참여의 코드가 2000년대 한국 사회를 규정하는 핵심 어휘 중의 하나였다는 데는 의문의 여지가 없다.

3 몸 코드

01 표류하는 몸

몸에 대한 관심은 시공간을 초월한다. 몸은 우리가 살아있는 한 관심의 대상일 수밖에 없다. 몸에 대한 관심이란 몸 자체뿐만 아니라 몸을 둘러싼 여러 가지 현상들 - 치장, 외양, 몸 관리 등 - 을 포함한다. 몸은 개인적 육체의 의미를 넘어 사회·문화적으로 규정된다. 문화, 정신, 노동, 놀이 등과 분리하여 설명할 수 없다는 점에서 몸은 주체의 형성 과정이며, 이데올로기의 구성 과정이기도 하다.

최근처럼 '몸만들기'가 전쟁인 적도 없을 것이다. 건강한 몸, 아름다운 몸에 대한 갈망은 갈수록 커지고, 그것은 때로 몸에 대한 학대로까지 나타난다. 지나친 다이어트는 아름다운 몸의 추구가 아니라 몸에 대한 자기학대다. 몸은 자아 표현과 자기 보존의 장이면서 처벌의 대상이 되기도 한다. 문화와 문명은 몸을 억압하는 과정의 연속이지만, 인간은 몸의 해방을 통하여 새로운 문화를 만들어왔다.

> 몸이 삶에서 좋은 모든 것을 얻을 수 있게 해주는 패스포트가 되는 문화 속에서 자기보존은 몸의 보존에 의존한다. 건강, 젊음, 아름다움, 섹스, 좋은 몸매 등은 몸 관리가 성취하고 보존할 수 있는 긍정적인 속성들이다. 외모가 자아의 반영으로 간주되는 사회에서 몸을 소홀히 한다는 것은 개인의 게으름이나 자기를 존중하지 않는 지표로 인식되며, 심지어는 도덕적 실패로까지 간주된다. 또한, 몸을 등한시하면 개인은 (사회적으로) 순응하지 못하는 것으로 처벌되기도 한다.(Featherstone, 1991, p.186)

현대 사회에서 자신의 몸을 관리하지 못하는 개인은 게으르거나 자기 존중을 하지 못하는 것으로 인식된다. 이동연(1993, 148쪽)은 몸 관리의 유형을 세 가지로 분류한다. i) 가꾸기 shaping: 패션, 화장, 미용, 액세서리, ii) 변형하기 transforming: 성형, 체형관리, 썬탠 등, iii) 유지하기 maintaining: 다이어트, 헬스, 에어로빅, 섭생, 건강식품 복용 등.

몸 관리는 과거에는 여성만이 주로 하는 것으로 생각되었지만, 이제는 성별 구별이 거의 일어나지 않는다. 메트로섹슈얼은 이제 남성도 몸 가꾸기에 많은 비용을 투자하고 있음을 보여준다. 그리고 몸 관리는 몸 산업과 밀접하게 연결된다. 몸 관련 산업은 우리 사회에서 다른 산업에 비해 급속히 성장해 왔다.

피더스톤Featherstone, 1991은 몸을 '내적 몸'과 '외적 몸'으로 구분한다. 내적 몸이 질병, 혹사, 기능 저하에 맞서 몸을 유지하기 위한 건강 기능과 관련된다면, 외적 몸은 외양과 외모 등을 의미한다. 건강한 몸이 내적 몸이라면, 아름다운 몸은 외적 몸이다. 그러나 문제는 내적 몸과 외적 몸 사이의 불균형에 있다. 외적 몸이 내적 몸의 가치를 지배하는 것이 현실이다. 건강한 몸 없이 아름다운 몸은 불가능하지만, 언제부턴가 이 인과관계가 뒤바뀌어버렸다.

내적 몸과 외적 몸의 관리는 2000년대 이후 우리 사회에서 중요한 코드가 되었다. 2004년 우리 사회에서 불어 닥친 열풍 중의 하나는 웰빙well-being이었다. 웰빙 현상은 몸 관리 붐과 몸 산업이 함께 만들어낸 것이었다.

웰빙은 물질적 풍요로움보다 정신적 여유와 행복을 추구하는 삶의 태도다. 일상을 구속하는 억압과 스트레스를 극복하고, 자연과 조화를 이루면서 마음의 평화를 얻는 것이 목적이다. 따라서 웰빙은 육체에 대한 훈육과 정신주의가 결합한 몸 관리의 한 형태라 할 수 있다. 웰빙은 몸에 대한 정신의 지배로, 자기 수련의 한 방법이다. 하지만, 2004년 우리 사회의 웰빙 열기는 본질이 사라지고 껍데기만 부각된 유사 웰빙이었다.

나 혼자 잘 먹고 잘사는 것이 웰빙으로 인식되었기 때문이다.

그렇다면 웰빙의 문화코드가 부상한 이유는 무엇일까? 몸 관리와 몸 산업의 결합으로 웰빙 열풍이 불어왔다고 볼 수 있다. 몸 관리에서 일차적으로 중요한 것은 외양 이전에 건강한 몸을 유지하는 것이다. 하지만 우리의 일상생활에서는 몸의 학대가 끊임없이 이어진다.

몸의 학대는 두 가지 측면을 지닌다. 자신이 속한 조직 사회에서 낙오하지 않고 살아남기 위해서는 건강보다 일에 매달릴 수밖에 없다. 대부분 일반 노동자들은 조직 생활에 묶여서 자신의 몸을 돌아볼 시간을 갖지 못한다. 이것이 몸의 학대로 이어진다. 또 다른 몸의 학대는 식생활과 운동 부족에 기인한다. 과도한 육류의 섭취, 커피나 홍차 등에 들어 있는 카페인, 과식 등이 우리의 몸을 망가뜨린다. 그러나 몸을 관리할 별도의 시간을 갖기란 쉽지 않다. 과거에 비해 풍요로워진 먹을거리는 우리에게 비만이란 증상과 망가진 육체를 선사했다.

기성세대가 몸에 대해 새롭게 자각을 하게 된 계기 중의 하나는 '몸짱 아줌마'다. 2003년 몸짱 아줌마가 언론의 주목을 받았다.[25] 당시 몸짱 아줌마는 삼십대 후반이었다. 몸짱 아줌

---

25 몸짱 아줌마는 2003년 11월 28일 〈딴지일보〉에 자신의 헬스 경험을 올렸다. 그녀는 "저는 헬스를 통해 늦게나마 봄날 같은 인생을 살고 있는 두 아이의 엄마이며, 한 남자의 아내인 평범한 전업주부입니다"라고 소개했다. 이것은 12월 9일 〈스포츠투데이〉에 다시 실리면서 '몸짱 아줌마'로 호명되었다.

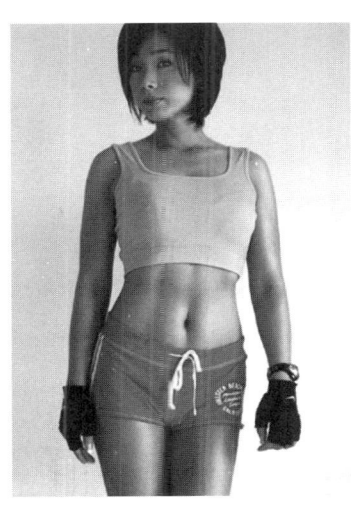

그림 3-1 몸짱 아줌마의 몸은 '여성적인 몸'이라기보다 '중성적인 몸'을 보여준다.

마는 기성세대로 하여금 자신의 몸을 돌아보는 동기를 제공했다. 기성세대에게 몸짱 아줌마는 하나의 상징이었다. 아마 '몸짱 아가씨'라면 이렇게 폭발적이지는 않았을 것이다. 기성세대가 젊은 세대의 몸짱을 받아들이는 것과 자신과 같은 기성세대의 몸짱을 받아들이는 정서가 다르기 때문이다. 상대적으로 젊은 세대가 기성세대보다 건강한 몸을 가졌다고 가정한다면, 건강한 몸으로서 젊은 세대의 몸은 그다지 매력적이지 않다. 대부분 기성세대는 자신의 몸이 이십 대 때보다 훨씬 비만해졌고, 지구력과 근력도 저하됐음을 절감한다. 몸짱 아줌마는 이런 기성세대들에게 강력한 호소력을 지닐 수밖에 없었다.

몸 산업은 웰빙 마케팅이라는 새로운 전략을 개발했다. 1990년대에도 몸 산업은 성형, 비만 치료, 체형 산업, 헬스나 에어로빅, 건강식품, 다이어트 등으로 계속 성장해왔다. 그리고 몸 산업은 좀 더 근사한 이름으로 자신을 포장하기 시작했다. 몸 자체와 더불어 마음의 평화까지 포함하는 웰빙 코드를 활용한 것이다. 웰빙은 소비위축과 경제 불황 속에서 기업이 제시하는 '마케팅 전략'이었다. 기업은 소비가 위축되고 기존 소비 시장이 포화된 상태에서 새로운 사업 이념이나 전략이 필요했다. 이런 필요에 의해 몸 산업은 '웰빙 마케팅'으로 재포장되었다.

언론의 웰빙 기사들은 한결같이 기업 마케팅과 연결되어 있다. 유기농 채소와 곡식, 식물성 천연 재료로 만든 조미료, 녹차 두유, 웰빙 햄버거 등을 내세운 식품 산업, 약수터, 과수원, 삼림욕장, 골프장을 갖춘 웰빙 아파트, 한방치료와 여행을 함께하는 웰빙 투어, 다양한 건강식품을 메뉴로 제공하는 웰빙 음식점, 웰빙 가전제품에 웰빙 콘텐츠 서비스까지 일상생활의 전 영역에 웰빙 마케팅이 편재해 있다. 새로운 소비 시장을 창출하고자 하는 기업의 논리가 웰빙 문화 현상을 지배하는 것이다.

웰빙족族이라고 불리는 새로운 소비 집단도 등장했다. 웰빙족은 유기농 채소와 곡식으로 만들어진 신선한 건강식을 섭취한다. 육류보다는 생선을 즐기고, 탄산음료, 술과 담배 등 몸에 나쁜 것은 가까이하지 않는다. 대신 포도주나 허브 티 같은 차별화된 음료를 마신다. 저녁 약속은 되도록 피하고 헬스클럽이나 요가센터를 찾아 운동과 정신 수련을 하며 심신의 안정과 건강을 관리한다. 주말에는 문화 행사를 찾고 다양한 레포츠와 주말여행을 즐긴다. 물론 잘 먹고 잘 살겠다는데, 누가 막을 수 있겠는가. 중요한 건, 누구나 웰빙족이 될 수 있는 게 아니라는 점이다. 대부분이 웰빙족처럼 삶의 질을 높이고 싶어도 경제적 여유가 허락하지 않는다. 언론에서 말하는 웰빙족은 경제적으로 여유가 있어서 고가라도 자신의 건강을 위해 아낌없는 투자를 할 수 있는, 혹은 그런 삶을 지향하는 사람을 의미하는 것이나 다름없다. 웰빙 정신이 상업적인 마케팅으로 이용되면서, 웰빙 문화, 웰빙족이란 신조어가 상류층 문화 혹은 상류층 삶의 방식으로 대표된 것이다.

몸 관리 욕망과 몸 산업이 만들어낸 웰빙 코드에서 벗어나기는 힘들다. 무엇보다도 '내적 몸'과 '외적 몸'의 관리는 누구나 갖는 욕망이기 때문이다. 더욱이 몸 산업과 소비문화는 개개인의 몸은 즐거움이며, 자기표현의 매개체라는 생각을 하도록 유도한다.

몸에 대한 잘못된 관심은 자연스러운 변화를 인정하지 않게 되고, 몸에 대한 강박관념을 키운다. 몸짱 아줌마가 보여준 건강하고 아름다운 육체를 보면서, 기성세대는 자신의 몸에 대한 희망을 품을 수 있다. 그리고 동시에 뚱뚱한 몸, 늙은 몸, 장애가 있는 몸에 대한 편견을 키우기도 한다. 아름답지 않은 몸은 철저하게 배제되고, 몸에 대한 잘못된 편견은 강화된다. 사실, 기성세대가 몸만들기 프로젝트를 진행한다고 해도 '몸짱 아줌마'처럼 되기란 매우 어렵다. 몸짱 아줌마의 몸은 '여성적인 몸'이라기보다 근육을 지닌 '중성적인 몸'이다(김명혜, 2004). 물론 중성적인 몸은 남성과 여성에게 성적 매력을 보여주는 몸일 수는 있지만, 만들기도 유지하기도 어려운 게 사실이다.

현재의 몸을 부정하거나 거부하고 끊임없이 새로운 몸을 만들어내는 것은 자신의 몸과 화해하는 길을 근원적으로 차단한다. 이상화된 몸에 대한 집착은 자신의 몸을 비정상적으로 바라보게 한다. 자신의 몸은 상대적으로 불완전하며 취약하다는 식의 자기 불만을 끊임없이 만들어낸다. 몸만들기 전쟁은 거의 모든 사람을 살을 빼야 할 사람으로, 또는 몸 때문에 고민해야 할 사람으로 만드는 전제 조건하에서 지속될 수 있다. 따라서 몸 산업이 번창함에 따라 몸만들기의 내용과 방식 또한 한없이 다양하게 늘어날 수밖에 없다(이영자, 1997). 이것은 대중 스스로 몸에 대한 콤플렉스와 자기 불만에서 벗어나지 못한다는 것을 의미한다. 결국 이상화된 몸과 그렇지 않은 나의 현실 사이에서 몸은 표류할 수밖에 없다. 내적 몸과 외적 몸의 불균형은 자신의 몸을 더욱 기형적으로 만든다.

아름다운 몸은 이미 너무 신화화되어 있다. 날씬한 몸이 자연친화적이거나 아름다운 몸이라고 말할 수 있는 확실한 근거가 없음에도, 우리는 그 몸을 당연히 표준화된 몸으로 인식한다. 이로써 우리는 자기 자신의 몸과 화해하지 못하고, 몸은 만들어진 이미지와 욕망 속에서 계속 부유한다.

02 대상으로서의 몸, 욕망으로서의 몸

몸의 표류는, 소비문화에서 끊임없이 보여지는 선망의 대상이 되면서 점차 믐 이미지로 굳어진다. 매스 미디어나 인터넷 등에서 수없이 떠다니는 몸 이미지가 제시하는 신화 중의 하나는 대상을 끊임없이 매혹적glamour으로 보이게 한다는 것이다. 역사적으로 보아 그 어느 시대보다도 이렇게 많은 몸 이미지들이 한꺼번에 밀집되어 우리를 지배한 적은 없었다.

선망의 대상으로서 몸 이미지는 미래를 신화화해서 선망의 대상으로 만든다. 미래를 신화화하는 여러 가지 기제 중의 하나는 광고다. 광고에서 사용하는 시제는 언제나 미래다. 광고는 우리에게 아름다운 몸, 소중한 몸, 더 가치 있는 몸을 줄 수 있다고 약속한다.

아름다운 모델이 화장품 광고에 등장한다. 여성 혹은 남성 소비자들에게 '당신도 아름다워질 수 있다'고 말한다. 화장품 광고는 당신도 이 화장품을 쓰면 아름다워질 수 있고, 그럼으로써 모델과 마찬가지로 선망의 대상이 될 수 있다고 설득한다. 광고의 이미지는 바로 선망의 대상이라고 할 수 있는 소비자의 모습을 보여주는 것이다. 하지만, 분명한 것은 광고 모델 그 자체와 광고된 화장품을 사용해서 소비자가 얻을 수 있는 아름다움은 별개라는 점이다. 선망의 대상으로서 몸 이미지를 부추기는 것은 광고뿐만 아니라 영화, 텔레비전 드라마, 뮤직

비디오, 음악 쇼, 디시인사이드 등에 실리는 수많은 몸 이미지들에서 끊임없이 나타난다.

시선애착증

선망의 대상으로서 몸은 성적 대상으로서 몸의 이미지로 바뀌었다. 몸의 이미지는 대상과 욕망으로 확장하고 있다. 인터넷이 사적 공간과 공적 공간을 매개하고 있다면, 네티즌은 사적 공간에서 다른 사람의 몸을 훔쳐보고자 하고, 공적 공간에서 산업은 네티즌의 욕망을 상업화한다. 2003년에 일어난 누드 열풍은 대상과 욕망으로서의 몸을 보여준다. 보려는 욕망과 보여주려는 욕망, 이것이 시선애착증scopophilia[26]이다.

1990년대 이전에만 해도 누드는 세미 누드까지 허용하거나 도색잡지에서만 게재가 가능했으나, 2003년에는 누드 열풍이 인터넷과 모바일 서비스를 중심으로 거세게 불어왔다.[27] 누드 열풍은 2002년 성현아의 인터넷 누드 서비스와 2003년 권

---

[26] Scopophilia는 절시증으로 번역되지만 절시증이라는 용어는 도착적 성행위와 관련되어 있다. 누드를 보는 행위 자체는 도착적 성행위라기보다는 시선을 주고받는 성적 욕망에 가깝기 때문에 절시증보다는 시선애착증이라는 용어가 더 적합하다.

[27] 2003년 결혼정보 회사인 비에나래(www.bien.co.kr)는 11월 27일부터 12월 9일까지 전국 미혼남녀 1,223명을 대상으로 국민의 관심과 흥미를 끈 이슈가 무엇인지 조사를 했다. 1위 '로또복권', 2위 '이승엽 56호 홈런', 3위 드라마 〈올인〉, 4위 이효리 노래 'Ten Minutes', 5위 '누드'였다.

민중 누드 화보를 신호탄으로 일반인까지 확대되었다.

연예인이 누드집을 내기 시작한 것은 1993년 가수 유연실이 누드집 《이브의 초상》을 발표하면서부터다. 당시는 일본의 모델 미야자와 리에의 누드집 《산타페》가 밀리언셀러를 기록하면서 상업적으로 크게 성공한 때였다. 유연실의 누드집은 음란물로 규정되어 발간 등록이 취소되었다. 1996년에는 《플레이보이》의 모델 호랑나비 이승희의 누드집도 소개되었다. 1999년 서갑숙은 《나는 때론 포르노그래피의 주인공이고 싶다》라는 자전 에세이집과 누드집을 출간했는데, 당시 사회는 그녀에게 많은 비난을 퍼부었다.

2001년에 정양은 인터넷을 통해 누드 화보 서비스를 열었다. 정양의 누드 사진은 해커의 공격으로 모두 유포되었는데, 오히려 이 사건이 발생한 후부터 본격적으로 누드 열풍이 불기 시작했다. 2002년에 성현아는 엑스터시 파문을 딛고 누드 사진을 인터넷 사이트를 통해 서비스하기 시작했다. 성현아 누드는 2002년 12월 10일 인터넷 사이트 오쪼www.ozzoshop.com에서 서비스되었는데 다섯

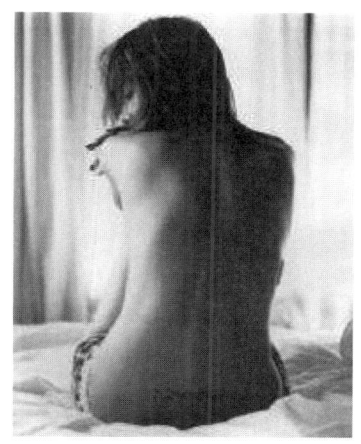

그림 3-2 2003년에 일어난 누드 열풍은 보려는 욕망과 보여주는 것을 즐기는 욕망의 표현이었다.

개의 테마로 구성되어 있었다. 첫 번째 테마 'Overflow White Water'는 바다와 욕실을 배경으로 물의 이미지를 담아냈고, 두 번째 테마 'The Wood Nymph'는 숲을 배경으로, 세 번째 테마 'Lonely Desert'는 사막을 배경으로, 네 번째 테마 'Virgins Bedroom'은 침실을 배경으로, 다섯 번째 테마 'Open House'는 집을 배경으로 구성되었다. 성현아의 누드는 해킹을 당했음에도 10억 원대의 매출을 기록했다. 2003년에 권민중은 누드 화보 활동을 미리 공개하고, 발표 직전에 시사회도 가졌다.

성현아와 권민중 누드 화보가 상업적으로 성공하면서 많은 여자 연예인이 누드집을 발간했다. 2003년 가수 김지현, 하리수, 김완선, 베이비복스, 이지현, 이혜영, 고소영 등이 인터넷, 모바일 혹은 책 출간 등의 경로로 누드집을 공개했다. 이후에는 투투 출신 황혜영, 이본, 비키, 곽진영, 루루, 이사비, 이상아, 이장숙, 추자현 등 일일이 이름을 거명하기 어려울 만큼 많은 연예인이 누드 상품 서비스에 참여했다.[28] 여자 연예인뿐만 아니라 남자 연예인과 운동선수의 누드집도 이어졌다. 가수 신화, 김종국, 핸드볼 국가대표 최현호, 전 쇼트트랙 국가대표 김동성 등이 모바일 화보를 선보였다.

연예인이나 운동선수뿐만 아니라 레이싱걸, 치어리더의 누드가 2004년 SKT를 통해 공개되었다. 게다가 누드 열풍은 대중에게까지 확대되었다.[29] 누드 전문 사진 스튜디오가 생겨났고, 금기시되었던 누드가 소중히 간직하고 싶은 '추억'이나 '아름다운 몸'의 한 장면으로 인식되었다. 일반 대중 누드로 임신한 모습을 담는 부부들도 있고, 결혼 30주년을 기념하는 부부도 있었다.

상업적인 연예인 누드와 달리 사회적 메시지를 전달하기 위해서 누드를 찍는 일도 있었다. 제주 장애인자립생활센터에서 코디네이터로 일하는 이선희(31세) 씨는 "누구나 아픔을 가지고 있는 것처럼 저 역시도 장애라는 아픔을 가지고 있다"면서 "장애인이 아닌 보통 사람으로, 장애 여성이 아닌 여성으로 다시 태어나기 위해 누드 사진을 찍었"으며, "장애 여성도 보통 사람들과 똑같이 아름다울 수 있다는 사실을 보여주고자"

---

28   2004년 이승연은 위안부 누드를 찍어 사회적인 파문을 일으키기도 했다. 이승연 누드는 상업성의 극단적인 모습을 보여주었다. 이승연과 영상 제작업체인 로토토는 "여성의 성 상품화에 대한 최대의 희생양인 군 위안부 문제를 통해 역사의식을 고취하는 것이 목적"이라고 설명했지만, 위안부 피해자 관련 단체들은 "진정 애정이 있다면 이 문제를 어떻게 누드로 상품화할 수 있느냐"며 반발했고, "군 위안부 피해 여성을 또다시 성의 상품화로 울리는 상업주의에 분노한다"라고 비판했다(《동아일보》, 2004년 2월 12일 자). 위안부 누드와 관련해서 주요 언론은 냉혹하게 비판했으며, 대중들 역시 매우 부정적이었다.

29   《헤럴드 경제》(2004년 10월 9일 자는 '벌거벗은 대한민국 …… 연예인 이어 일반인도 누드 열풍'이라는 기사를 실었다. 기사에 따르면, 강남의 한 누드 사진 전문 스튜디오에서 과거에는 누드 촬영을 의뢰하는 사람이 월 1회 정도 있었는데, 요즘에는 월 10회 이상 누드를 찍고 싶다는 분들이 찾아온다며, 노출의 수위도 꽤 높다고 한다.

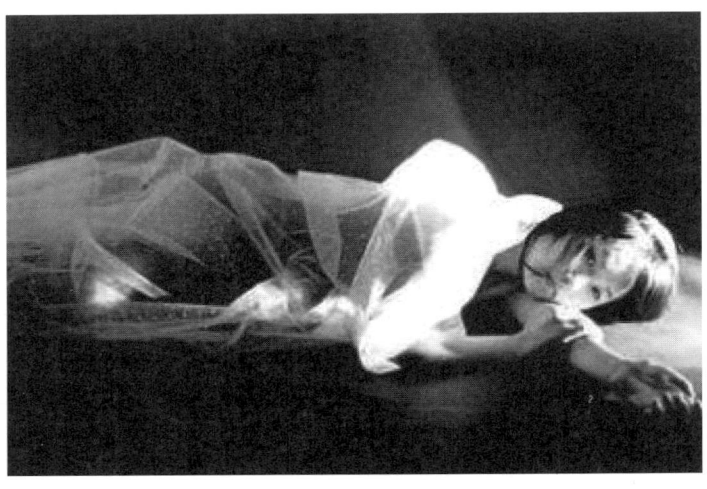

그림 3-3 2004년 이선희 씨의 누드는 장애를 가진 몸에 대한 사회적 편견에 도전했다.

누드를 찍었다고 말했다(〈국민일보〉, 2004년 10월 5일 자). 장애가 있는 몸에 대한 사회적 편견에 도전한 누드였다.

음지에서 몰래 보던 누드가 이제는 대중 곁으로 다가왔다. 무엇보다도 인터넷과 모바일의 영향력이 컸다. 디지털 성인물이 보편화되면서 인터넷과 모바일 콘텐츠 제공업자들은 상업적으로 성공을 거두었다. 2001년 탤런트 정양 누드에 400만 명이 몰렸고, 2003년 9월 말 이상아 누드 사이트에는 하루 3만 명이 방문했고, 같은 해 10월 이재은의 누드 웹 모바일 서비스에는 하루 4만 명 이상이 접속했다. 인터넷이 설치된 곳이라면 언제 어디서나 누드 서비스에 접촉할 수 있었으며, 모바일은 어디서나 활용이 가능하다는 점에서 과거 화보나 책으로 한정되었을 때보다 더 많은 사람이 붐볐다.

 2003년 정보통신부가 발표한 《인터넷상의 청소년 보호 종합대책》에 따르면, 모바일 성인 콘텐츠 매출액은 1,287억 원에 달했다. 게다가 누드 서비스는 마케팅이 거의 없는 상태에서 서비스되기 때문에 순수익은 다른 서비스보다 높았다. 당시 모바일 누드 서비스는 연예인 누드는 30장을 묶어서 2,000원에 접속이 가능했다.

 누드 열풍은 성의 상품화라는 상업주의와 인터넷, 모바일이 함께 만들어낸 현상인 동시에 성에 대한 장벽이 점차 낮아지면서 수면 아래 있던 성 의식이 한꺼번에 노출되는 과정에서 나타났다. 심리적인 측면에서 보면 시선애착증이 우리 사회에서 확대되고 있음을 보여준다. 자신의 몸, 상대방의 몸을 자신의 '시야 안에 두기를 좋아하는 것'이다. 이것은 디지털 기술의 발전으로 확대되었다.

 시선애착증이 단지 성적 쾌락과 관련된 것만이 아니라 보려는 욕망과 보이려는 욕망, 시선을 주는 욕망과 시선을 받는 욕망이라는 의미를 함께 지닌다면, 대중이 누드 열풍에 빠지는 욕망은 세 가지인 셈이다. 하나는 다른 사람의 갇추어진 몸을 봄으로써 얻는 성적 쾌락이고, 두 번째는 성적 쾌락보다 완화된 의미로 다른 사람의 아름다운 몸을 보려는 욕망이며(누드 화보나 모바일 화보가 노골적인 성 표현을 한 것만은 아니라는 점에서), 셋째는 대중 스스로 타인에게 보이는 것을 즐기는 욕망이다.

나르시시즘

2003년 네이버가 선정한 인터넷 유행어 1위는 얼짱이다. 얼짱은 얼굴의 앞글자 '얼'과 최고를 뜻하는 속어인 '짱'이 결합한 합성어로 얼굴이 예쁘고 잘생긴 사람을 의미한다. '짱'은 장長을 경음화 한 것으로 1990년대 중반 중고등학교에서 교내 불량배들의 우두머리를 가리키는 비속어로 출발하여 현재는 인터넷 공간에서 일반적인 용어로 사용되고 있다. 2002년 노사모가 노무현 전 대통령을 '노짱'으로 지칭하기도 했다.

얼짱 열풍은 인터넷과 디지털 카메라의 사용자층을 중심으로 형성되었는데, 얼짱 관련 사이트는 네이버 카페만 해도 7,257개 정도(2010년 2월)가 개설되어 있다. 처음에는 주로 중고등학교 여학생을 대상으로 한 얼짱 카페가 생기다가 점차 그 대상 범위가 늘어나 아줌마 얼짱, 아기 얼짱, 애견 얼짱까지 확대되었다. 얼짱이란 용어가 생기기 전에는 킹카, 퀸카라는 이름으로 예쁘고 잘생긴 사람들의 사진이 소개되었다. 외국의 잘생긴 왕자들의 사진이 인터넷 사이트에 뜨면, 이를 중심으로 한 팬 카페가 여럿 생기기도 했다.

얼짱 열풍은 다음 카페에 '5대 얼짱' 카페cafe.daum.net/5i가 생기면서(2002년 2월) 불어오기 시작했다. 이전까지만 해도 다른 카페나 커뮤니티에서 얼짱이란 단어를 사용하지 않았다. 당시 여고 1학년 학생인 이경미 양은 인터넷에 여기저기 돌아다니던 사진을 모아 카페에 '5대 얼짱'으로 명명했다. 카페 주

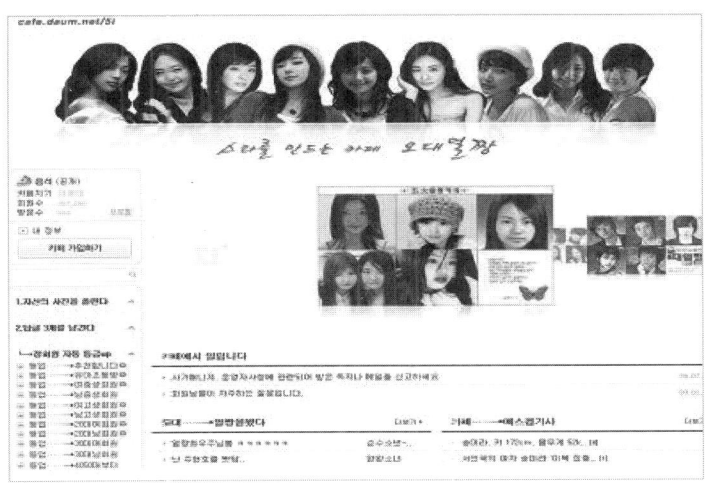

그림 3-4 얼짱 돌풍의 진원지인 5대 얼짱 카페(cafe.daum.net/5i)

인이 전국의 수많은 얼짱 중에서 다섯 명을 선발하고, 수개월 동안 네티즌이 투표한 표를 합산하여 최고 얼짱을 가렸다. '5대 얼짱' 카페가 개설된 지 채 2년도 되지 않아서 회원 수는 무려 40만 명을 넘어섰다.

　얼짱 문화가 만들어진 배경에는 손쉽게 사진을 찍을 수 있는 디지털 카메라, 웹캠 등의 요인이 한몫했다. 화상 채팅이 유행하면서 '얼굴' 생김새의 중요성이 부각되었다. 화상 채팅에 유리한 카메라 사용법, 각도, 화장법 등도 알려졌다. 휴대폰 카메라(폰카) 역시 붐을 일으키면서 자신의 얼굴을 찍어 인터넷에 올리는 것이 유행했다. 가장 예쁜 얼굴을 찍을 수 있는 '비법'들이 널리 퍼지기 시작했다. 카메라를 머리 위에 두고 얼굴을 45도 각도로 약간 돌리고, 턱을 괴거나 입을 가리고 웃는 동작 등 다양했다.

박근호(2006)는 얼짱 열풍이 처음 십 대를 중심으로 확장된 것에 주목한다. 청소년의 현실 공간은 입시 체제라는 억압과 학생 신분에 맞는 행동 질서를 요구받는 코드화된 공간인 데 비하여 얼짱의 공간은 성적과 관계없이 '짱'의 대열에 합류하고 참여할 수 있다는 점에서 십 대들의 욕망의 분출구였다고 지적한다.

> 얼짱 문화는 긍정도 아니고 거부도 아니며, 단순히 상징적 질서에 저항하는 것도 아니고 부모 문화에 곧바로 순응하는 것도 아니다. 그것은 독립성, 타자성, 기이한 지향을 선언하는 것이고, 익명과 종속적 지위를 거부하는 것이다. (……) 이는 의미를 생산하는 '욕망의 주체화 과정'이기도 하다. 청소년들은 얼짱 문화상품을 소비함으로써 심리적으로 자신이 좋아하는 연예인과 가까워졌다는 의식을 갖게 된다.(박근호, 2006, 53~54쪽)

얼짱 열풍이 십 대들의 '욕망의 주체화 과정'이라면, 그 욕망 아래에 내재한 의식은 나르시시즘이다. 나르키소스Narcissus가 우물에 비친 자신의 모습을 사랑했다면, 십 대뿐만 아니라 기성세대 역시 이미지에 비춰진 이상화된 자아의 모습을 사랑한다고 볼 수 있다. 인터넷 공간이 현실과 사이버 세계 사이에서 계속 욕망을 생산한다면, 그 욕망 중의 하나는 이상적 자아에 대한 열망이다.

이미지는 대상을 자기도취의 우물에 빠뜨린다. 우리는 거울을 볼 때, 거울 속에 비친 '나'를 '평소의 나'가 아닌 좀 더 신비롭고 아름다운 존재로 느낄 때가 있다. 거울이든 사진이든 실물이 아니라 무언가 하나의 차폐물을 통해서 들여다보면 확실히 더 아름다워 보인다. 그 이유는 '현재의 나'를 보기보다 객관적인 거리를 두고 '이상화된 나'idealized I를 들여다보기 때문이다.

인터넷 공간에서도 소외된 주체는 무엇인가를 들여다보는 행위로 나르시시즘narcissism에 빠진다. 나르시시즘은 자신보다 완벽한 자아의 이미지를 발견하는 과정에서 오는 시각적 즐거움이다. 이것은 대상과의 동일시 혹은 이상적 자아에 대한 동일시 과정으로 구성된다.

프로이트Freud는 나르시시즘을 무의식의 차원에서 이론화했다. 프로이트의 나르시시즘은 일정량의 리비도를 전제로 한다. 유아기는 '일차적인 나르시시즘' 단계로 여기서는 유아 자신이 리비도libido 대상이 된다. 그런데 개인이 성장해 감에 따라 리비도는 자기 자신에게서 다른 대상으로 옮겨간다. 이 과정에서 대상과 관계를 맺는 데 좌절당할 때 리비도는 그 대상으로부터 다시 자신에게 돌아온다. 이것이 '이차적인 나르시시즘'이다. 네가 사랑을 외부 세계로 발산하면 할수록 자기에 대한 사랑은 감소하며, 역으로 내가 외부 세계로 사랑을 발산하지 못하면 못할수록 자기에 대한 사랑은 증가한다.

　인터넷에서 사랑은 관계 맺기를 통하여 외부로 나가지만, 그것은 사이버 공간 내에서 발생하기 때문에 외부로 가는 사랑은 좌절될 수밖에 없다. 자신의 일상적 자아와 이상적 자아는 가까워지는 것이 아니라 멀어지는 것이다. 이상적 자아에 대한 추구가 높아진다는 것은 그만큼 현실 공간에서 개인의 욕망이 좌절된다는 것을 의미한다.

　인터넷 공간에서 좌절된 주체에게 제시되는 나르시시즘은 프로이트가 말한 '이차적인 나르시시즘'을 지칭하는 것이지만, 좀 더 엄밀하게 말하면 이상적 자아에 대한 사랑이라고 할 수 있다. 현실에 대한 소외가 심화될수록, 그리고 일상적인 꿈이 문화적 억압에 의해 상실될수록 좌절된 주체의 이상적 자아에 대한 관심은 높아진다. 이러한 이상적 자아에 대한 그리움은 좌절된 주체가 인터넷의 얼짱들을 자신의 이상적 자아로 동일시하는 것으로 표출된다. 십 대들이 현실 세계에서 겪는 좌절이 욕망을 끊임없이 생산하는 인터넷을 통해 얼짱이라는 새로운 코드를 만들어낸 것이다. 이와 같은 나르시시즘의 과정은 무의식의 측면을 넘어서 의식의 영역으로 확장되었다.

　5대 얼짱 카페에서 선정된 1기 얼짱은 박한별, 구혜선, 박솔미, 이주연, 김신혜였다. 이들은 모두 연예계에 진출했다. 롯데리아에서 일하다 유명해진 남상미도 얼짱 출신 연예인이다. 남상미는 고등학교 2학년 때 한양대 앞 롯데리아에서 아르바이트를 했는데, 그것을 본 한양대 학생이 학교 게시판에 그녀의 외모를 칭찬하는 글을 올리면서 얼짱으로 알려졌다. 연예인 지망생들이 얼짱 카페에 관심이 높을 수박에 없는 이유가 여기 있다. 얼짱 카페에서 얼짱으로 선정되면, 연예계로 진출하기 수월하다는 희망 때문이다.

'5대 얼짱' 1기가 발표될 당시까지만 해도 해당 카페는 놀이 문화의 성격을 지니고 있었고, 그 놀이를 즐기려고 가입한 회원들이 많았다. 그러나 2기 발표 시기부터는 카페 회원 중 상당수가 연예인 지망생으로 바뀌어 있었다. 얼짱이 되면 연예인의 길을 걸을 기회가 생겼고, 인기와 명예 그리고 돈을 벌어보려는 현실적 욕망은 회원수의 증가를 가져왔다. 청소년의 놀이 문화가 자본주의의 욕망에 포획된 것이다(박근호, 2006). 얼짱이라는 기표가 확대되면서 연예기획사, 언론, 각종 포털 사이트가 주최하는 '얼짱 콘테스트'가 열렸다. 초등학생을 대상으로 하는 얼짱 클럽까지 생겨났다.

그림 3-5 인터넷 5대 얼짱 사진들

얼짱 열풍은 청소년들이 현실에서 억압된 욕망을 나르시시즘으로 분출하면서 현실 공간으로부터 탈주하게 하는 계기를 제공했지만, 시간이 지나면서 연예계 진출 통로와 자본주의의 상징이라는 기호 소비로 의미가 바뀌었다. 그리고 십 대를 중심으로 유행했던 이 얼짱 문화는 아기부터 성인에 이르기까지 폭넓게 확대되었다.[30]

03 소녀와 짐승

2000년대 중반에 나타난 얼짱, 몸짱, 누드 신드롬이 확장되는 과정에서 새롭게 만들어진 코드 중의 하나로 '동안童顔'이란 용어가 있다. 대중은 연예인들의 화장하지 않은 얼굴, 즉 '쌩얼'이 실제 나이보다 어려보이거나 '여전히' 예쁘면, 더 호감을 보였다. 연예인 쌩얼은 2006년 인터넷 검색 4위를 차지할 정도였다. 여자 연예인들은 커밍아웃하듯이 자신의 쌩얼을 홈페이지에 올려놓았다.

쌩얼은 화장하지 않은 있는 그대로 얼굴을 의미하지만, 이

---

[30] 외모지상주의의 극단을 보여주는 현상인 '강도 얼짱' 사건이 있었다. 2004년 이모 양(22세)은 특수강도 혐의로 체포되었다. 이 양은 수차례에 걸쳐 강도행각을 벌인 혐의로 공개 수배된 상태였다. 그러나 이 양의 사진이 경찰청 홈페이지에 등장한 이후 빼어난 미모를 본 네티즌들이 '강짱'(강도 얼짱)이라는 이름을 붙였고 심지어 인터넷 팬클럽까지 생겨났다.

는 사실상 신화에 불과하다. 화장하지 않은 얼굴이 '진짜 얼굴'이라고 믿기 어렵기 때문이다. 그럼에도, 연예인들은 꾸미지 않은 자연스러운 얼굴을 대중에게 보이기 위해 자신의 홈페이지에 사진을 공개했다. 쌩얼의 기표 아래 깔린 기의는 꾸미지 않은 순수함이지만, 쌩얼이 진짜인지 아닌지는 확인할 수 없다.

주로 여자 연예인이 자신의 순수함과 청순한 이미지를 드러내는 방법으로 쌩얼을 공개했다. 이것은 '소녀 같은', '소녀처럼'을 다르게 표현한 것에 지나지 않는다.

소녀 이미지의 경우 배우로서는 문근영이, 가수로서는 보아가 대표적이었다. 문근영은 〈가을동화〉(2000)에서 은서로 주목을 받은 후 영화 〈장화홍련〉(2003) 등에서 또다시 인기를 끌었다. 문근영이 폭발적인 인기를 얻기 시작한 것은 〈어린 신부〉(2004)에서였다. 24세 상민과 16세 보은의 결혼 내용을 담은 〈어린 신부〉는 깜찍함과 청순함을 내세운 문근영을 위한 영화였다. 문근영은 국민 여동생으로 불리면서 소녀의 기표가 되었다.[31]

그림 3-6 영화 《어린신부》에서 문근영은 순수함과 청순함을 보여주었고, 국민 여동생으로 불렸다.

보아는 언제나 16~17세 소녀의 이미지로 남아 있다. 어린 소녀가 일본으로 가서 오리온 차트에서 1위를 했다는 것은 쇼비즈니스를 생각하기 이전에 묘한 환상을 남긴다. 극복하기 어려운 일본이라는 나라에 한국 '소녀'가 가서 가요계를 평정했다는 즐거움. 여기서 더욱 중요한 것은 보아는 소녀였다는 것이고, 여전히 대중의 기억 속에는 소녀로서만 남아있다는 것이다. 문근영과 보아가 보여주는 소녀 이미지는 섹시한 이미지가 아니다.

성애적 소녀는 2000년대 중후반 이후 가요계를 중심으로 확산되기 시작했다. 물론 2000년대 중반 이전에도 섹시한 이미지의 소녀들은 존재했다. 핑클과 S.E.S가 1990년대 후반 가요계에 청순한 이미지로 등장하여 해를 거듭할수록 다양한 이미지를 보여주었다. 1998년에 핑클은 '내 남자 친구에게'란 곡으로 깜찍한 이미지를 선보였고, 2집 '영원한 사랑'을 부르면서 청순함을 기표화했다. 그리고 3집에서는 'Now'라는 곡으로 섹시한 면을 보여주었다. 물론 핑클, S.E.S 이후에 등장한 주얼리나 베이비복스 등의 소녀 그룹도 섹시함을 보여주기는 했지만, 지배적인 코드는 아니었다. 이때까지만 해도 소녀 그

---

31 이전의 소녀는 성적 대상으로서 '영계'라는 비속어로 불렸다. 영계가 성적 대상으로서 소녀, 혹은 롤리타(lolita) 콤플렉스를 의미한다면, 국민 여동생은 소녀의 깨끗함과 순수함의 이미지를 내포한다.

룹의 주요 팬들이 소녀들이었으므로 섹시한 코드만을 끌고 가기에는 한계가 있었기 때문이다. 이효리는 핑클 해체 후 솔로로 독립하고나서야 소녀 코드를 탈피하고 완전한 섹시 코드로 거듭났다.

2000년대 중후반에 들어서면서 소녀들은 섹시함을 본격적으로 드러내기 시작했다. 이 과정에서 삼촌 팬이라는 새로운 팬 집단이 등장하기도 했다. 소녀 그룹의 전성시대를 이 시기라고 할 수 있을 것이다. 동방신기나 빅뱅 등이 주춤하는 사이에 수많은 소녀 그룹이 우후죽순 등장하여 인기를 끌었다. 브라운아이드걸스(2006), 소녀시대(2007), 원더걸스(2007), 카라

그림 3-7 소녀시대는 깜찍함과 섹시함을 동시에 보여준다.

(2007), 2NE1(2009), 애프터스쿨(2009), 포미닛(2009), 티아라(2009), F(x)(2009) 등 수적으로나 인기로나 남자 그룹을 압도했다. 이들 소녀 그룹은 처음에는 깜찍하고 청순한 콘셉트로 등장하지만, 점차 섹시함을 주요한 코드로 삼는다.

> 가요계에 상식을 넘어서는 선정성 경쟁이 확산되고 있다. 핵심 요인은 2년여 전부터 쏟아져 나오는 소녀 그룹들. 경쟁에서 살아남기 위해 제작자들은 성적 이미지로 가득 찬 선정적 뮤직 비디오로 승부수를 던지고 있다. (……) 소녀 그룹들이 음악적으로 별 차이가 없기 때문에 결국 선정적인 비주얼 경쟁이 벌어지고 있는 것. (〈조선일보〉, 2010년 1월 27일 자)

소녀 그룹들의 섹슈얼리티는 뮤직비디오, 춤, 의상 등으로 표출되었다. 브라운아이드걸스의 '아브라카다브라 춤'이나 티아라의 뮤직비디오 '보핍 보핍'Bo Peep Bo Peep, 2NE1의 뮤직비디오 '키스' 등은 소녀의 성적 이미지를 부각시켰다. 〈조선일보〉(2010년 1월 28일 자)에 따르면 2010년 현재 18개 소녀 그룹들이 활동 중인데 전체 85명 중에서 29명이 소녀였다. 이들 중에는 2~3년 전에 활동을 시작한 그룹도 있기 때문에 대체로 데뷔한 시점에는 대부분 소녀였다고 해도 무방하다. 예를 들어 포미닛은 2009년에 가요계에 나왔는데, 여전히 모두 소녀들이다.

소녀 그룹의 팬들은 주로 십 대 여학생과 남학생이었지만 소녀시대, 원더걸스, 카라 등이 나온 2007년 이후에는 십 대

못지않게 이십 대, 삼십 대, 사십 대 등으로 팬의 범위가 확대되었다. 1990년대 후반 핑클, S.E.S 같은 소녀 그룹이 활동했을 때도 삼촌 팬이라는 집단은 등장하지 않았다.

아마도 대중은 소녀 그룹을 보면 위안을 받고 있는지도 모른다. 현실의 억압은 대중으로 하여금 자연스럽게 현실 도피를 위한 돌파구를 찾게 만든다. 그리고 이것은 곧 청순하고 섹시한 소녀들에 대한 관심으로 이어진다. 이와 관련하여 한준호(2009)는 세 가지 이유를 든다.

첫째, 경제 침체기에 청년 실업이 심각한 상황에서 대중은 자신들의 분노를 폭발시키거나 반대로 환상을 제공해줄 대상에 몰입한다. 이들은 소녀 그룹을 통해서 위로를 받는다. 둘째, 남성에게 숨겨진 욕망의 자극이다. 일종의 롤리타 콤플렉스로서 소녀에 대한 성적 욕망이 소녀 그룹으로 투사되는 것이다. 소녀 그룹은 귀여움과 깜찍함을 지녔고, 여기에 섹시한 매력까지 발산함으로써 성인 남성을 사로잡는다. 실제로 소녀시대는 소녀 그룹 포화 상태의 가요계에서 십 대와 이십 대 남성 팬만으로는 시장성을 얻기 어렵다고 판단하여 롤리타 컨셉의 이미지 메이킹을 시도했고, 이것은 성공적이었다. 셋째, 성인 남성들의 소년 시절 기억을 되살리는 것이다. 어린 시절 좋아했던 소녀들에 대한 추억이 퇴행적으로 되살아나는 것이다.

적어도 연예 산업의 전략은 성공하고 있는 것으로 보인다. 2009년 12월 소녀시대 콘서트 티켓 구매율을 보면 삼십대 이상 티켓 구매율이 29퍼센트로 십 대의 35퍼센트, 이십 대의 36퍼센트 못지않았다. 삼십 대 이상 티켓 구매자의 성별 비율은 남자 70퍼센트, 여자 30퍼센트였다(〈조선일보〉, 2010년 1월 28일). 김예란(2004b)은 대중문화에서 성애적 소녀가 의미화되는 방식으로 기표(육체)는 관리되는 육체, 기의(정신)는 과잉 성숙, 효과는 성적 욕망, 담론 구조는 환상의 대상으로서 미래라고 지적한다. 대중문화에서 유통되는 소녀의 이미지는 천진난만함을 전제로 하는 어린이 담론과 섹슈얼한 이미지를 강조하는 대중문화 담론 사이의 모순적 결합에 의하여 구성된다는 것이다.

대중문화 현상에서 소녀의 이미지와 소비는 새로운 것은 아니다. 영화, 광고, 드라마 등에서 소녀 이미지는 지속적으로 생산되고 소비되어왔다. 그러나 2000년대 중후반처럼 가요계에서 소녀의 이미지가 범람한 적은 없었다. 더욱이 소녀 이미지의 소비자로서 새로운 팬 집단이 만들어지고 집단적 환상을 통한 소비가 유행한 적도 없었다.

소녀 이미지에 대한 소비와 환상이 청순함이나 순수함에서 섹시함으로 변화되어왔다면, 남성 그룹에서 소비되는 이미지는 '짐승돌'이다.[32] 짐승돌은 짐승과 아이돌의 합성어로 거친 짐승 같은 느낌의 아이돌 그룹을 말한다. 짐승돌은 짐승의 이미지와 아이돌의 이미지가 합쳐진 것이니만큼 근육질의 몸매와 소년 같은 얼굴을 가지고 있다. 이들은 무대 위에서 남성미

그림 3-8 '짐승돌'로 불리는 2PM. 이들은 무대에서 근육질 몸매와 야성을 적극적으로 보여주지만, 예능 프로그램에서는 여리면서 귀여운 모습도 보여준다.

가 넘치는 강렬한 퍼포먼스를 보여주고, 예능 프로그램에서는 여리면서도 사랑스러운 면을 보여준다. 이런 조건에 완벽하게 부합되어 인기를 끌고 있는 그룹이 2008년 데뷔한 2PM이다. 짐승돌은 2AM(2008), 비스트(2009), 엠블랙(2009)으로 이어지고 있다.

박재범과 닉쿤, 우영은 곁에 두고 사랑하고 싶을 정도로 귀엽고 모성애를 자극한다. 2PM에는 사내와 아이의 모습을 모두 가지고 있는 '재범 갈고도 전체적으로 '짐승돌'에 부합하는 '택연'이라는 품목도 있다. 택연은 마치 짐승이 포효하는 모습처럼 거침없는 랩과 춤을 소화한다. 하지만 어디까지나 무대 위에서다. 무대 위에서는 서커스 팀을 연상시키는 아크로배틱 춤으로 많은 땀을 흘리며 남성적 카리스마를 풍기지만, 무대만 내려오면 귀엽고 코믹하고 애교도 떨 줄 안다. 우영은 별명이 '앙앙'이다. 때로는 '싼티 댄스'도 춘다(서병기, 2009).

---

32 〈추노〉(KBS2, 2010)에서 추노꾼으로 나오는 장혁, 한정수, 김지석은 근육질의 몸매를 보여주는데, 이들은 짐승남으로 불린다.

짐승돌은 남성 섹슈얼리티의 변화 과정에서 등장했다. 메트로섹슈얼, 위버섹슈얼, 초식남 등에서 보이는 이미지와 연속성을 지닌다. 메트로섹슈얼은 꽃미남과 같은 부드러운 남성, 자신의 외모를 여성처럼 가꾸는 여성성을 지닌 남성이었다. 메트로섹슈얼은 몸이나 야성이 아니라 겉으로 드러난 외양, 그리고 여성성이 주요한 기표였다. 반면 위버섹슈얼은 외양보다는 성격이나 태도와 관련된 남성성, 초식남은 거세된 남성성을 표상했다. 그러나 짐승돌에서 보여주는 코드는 '짐승 같은' 야성과 근육질의 몸이면서 동시에 '소년 같은' 귀엽고 애교스러운 모습이다. 이 모순적 이미지의 결합은 마력으로 대중을 빨아들인다.

　소녀 그룹에게 삼촌 팬이라는 집단이 있다면, 짐승돌에게는 누나와 엄마가 있다. 2PM은 누나들에게는 욕망의 대상이고 엄마들에게는 '우래기들(우리 애기들)'로 불리는 모성애의 대상이다. "짐승돌인 2PM의 육체와 섹슈얼리티를 적극적으로 향유하는 팬을 가리켜 스스로 '때팬'이라고 지칭한다. 이는 '때묻은 팬'의 약어로, '순수한' 열광이 아니라 스타의 육체와 섹슈얼리티를 직접적이고 노골적으로 향유하고 즐기는 모습을 의미한다. 이러한 '때팬'은 온라인 팬덤 내에서 부정적이거나 희화화된 방식으로 의미화되기보다는, 일정한 범위를 넘지 않는 선에서 정당한 것으로 인정되며 때로는 2PM의 대중적 인지도에 도움이 된다는 이유로 권장되기도 한다(정민우·이나

영, 2009, 216쪽.."

이십 대 중반 이상의 누나들은 십 대들보다 경제력과 구매력을 가지고 있기 때문에 '때팬'으로서 나름대로 정당성을 지닌다. 누나들은 짐승돌로부터 상상적 이성애를 느끼고 현실로부터 도피하거나 현실을 풍요롭게 하는 향유의 공간을 얻는다. 또한, 엄마 팬들은 '우래기들'을 지켜주는 수호자이기도 하다. 그러나 엄마 팬들 역시 '우래기들'을 '우래기로서'뿐만 아니라 이들이 가진 '소년 같은 야성'을 소비한다.

소녀 그룹에서 소비되는 이미지와 소년 그룹에서 소비되는 이미지는 사실상 등가等價라고 볼 수 있다. 소비되는 이미지는 똑같이 모순적 몸의 이미지이기 때문이다. 소녀 그룹의 경우, 소녀라는 청순함과 순수함 그리고 섹시함은 미성숙과 성숙의 교차점을 형성하는데, 이것은 소녀 그룹의 몸 이미지가 소비되는 방식이다. 마찬가지로 소년 그룹의 경우에서도 소년이라는 순수함과 귀여움 그리고 짐승 같은 야성이 결합하여 새로운 몸 이미지를 만들어낸다. 이것은 동년배인 십 대 팬들뿐만 아니라 삼촌, 누나, 엄마의 욕망을 자극하면서 그들의 가슴에 불을 지른다.

4 섹슈얼리티 코드

01 바라봄의 대상으로서 섹슈얼리티의 진화

꽃미남의 원형은 그리스 신화에 나오는 트로이 왕자 가니메데스가 아닐까 싶다. 가니메데스가 얼마나 아름다웠던지 제우스가 첫눈에 반할 정도였으니까. 제우스는 가니메데스가 평원에서 양떼를 모는 광경을 보고 그 빼어남에 넋을 잃었다. 독수리로 변신한 제우스는 가니메데스를 납치하여 올림포스 궁정으로 데리고 가서 시중을 들게 했다. 문득 제우스는 가니메데스라 해도 언젠가는 아름다움이 사라질 것이라는 생각이 들었고, 고민 끝에 가니메데스의 아름다움이 사라지지 않도록 그를 밤하늘의 별로 만들었다. 가니메데스는 물병자리가 되어 우주에 아름답게 떠 있다. 이 그리스 신화는 남성의 아름다움을 말하는 동시에 남성 동성애적 시각도 보여준다.

우리 사회에서 섹슈얼리티sexuality[33] 담론이 수면 위로 떠오른 것은 2000년대 이후다. 과거에 보였던, '성 담론의 공적 침묵, 사적 범람'의 틀이 무너지고 있다. 성 담론이 대중매체와 인터넷에서 자유롭게 논의되면서 문화 현상으로까지 확대되었다. 이것은 자본주의의 시장 메커니즘이 문화 규범이나 윤리의 통제 기능보다 우세하거나, 성적 표현이 그만큼 자유로워졌기 때문일 것이다.

2000년대 이후 제기된 주요한 섹슈얼리티 담론들은 '메트로섹슈얼'metrosexual과 '동성애'다. 부드럽고 아름다운 남자, 혹은 꽃미남이란 단어는 이제 전혀 낯설지 않다. 꽃미남은 자본주의 시장 메커니즘이 만든 '자본의 욕망'이면서 동시에 남성을 바라봄의 대상으로 삼는 '여성의 욕망'을 보여준다. 동성애는 2000년 집단적 커밍아웃을 통해서 세상 밖으로 나왔다. 특히 동성애는 대중문화에서 주요한 소재가 되고 있다.

메트로섹슈얼

마크 심슨Mark Simpson은 메트로섹슈얼이라는 용어를 처음 사

---

[33] 이 글에서는 섹슈얼리티를 성적 욕망, 성적 표현, 성 정체성 등을 포함하는 의미로 사용했다. 따라서 단순히 생물학적 성(sex)과는 구분되며, 섹슈얼리티는 사회, 문화적으로 구성되는 역사적 개념이다.

용했다. 그는 〈인디펜던트〉에 다음과 같이 기술했다.

> 메트로섹슈얼은 도시에서 일하거나 살면서 높은 소비력을 지닌 미혼 남성이다. 그들은 이 시대에 높은 소비력을 가진 집단이다. 1980년대 메트로섹슈얼은 단지 패션 잡지, 리바이스 광고, 게이 바 등에서만 볼 수 있었다. 1990년대 그는 어디에나 있으며 쇼핑을 즐긴다. (〈Independent〉, 1994년 11월 15일 자)

메트로섹슈얼이라는 용어가 알려지기 시작하자 마크 심슨은 2002년 살롱닷컴 www.salon.com 에 '메트로섹슈얼과 만나다 Meet the metrosexual'라는 칼럼을 썼다. 그는 좀 더 구체적으로 메트로섹슈얼을 정의했다. 메트로섹슈얼은 도시에 사는 남자이면서 예민한 예술적 감수성을 가지고 있으며, 자신의 외모와 스타일을 꾸미는 데 시간과 돈을 아끼지 않는다. 다른 사람들로부터 종종 게이로 간주되지만 이성애자다. 그들은 게이에게서 보이는 외양적 취향을 지닌다. 손톱에 매니큐어를 칠하는 축구 스타 데이비드 베컴 David Beckham 이 대표적인 메트로섹슈얼이다. (http://dir.salon.com/story/ent/feature/2002/07/22/metrosexual/index.html).

마크 심슨이 메트로섹슈얼을 정의하자, 남성 라이프스타일을 다루는 잡지들은 빠르게 이 용어를 받아들였다. 2003년 영국과 미국의 수많은 미디어는 외모에 관심이 많은 남자를 메트로섹슈얼이라고 명명하고, 남성용품 시장의 확대를 집중적으로 보도했다. 메트로섹슈얼의 원조는 게이지만 미디어들은 이들을 게이나 양성애자가 아니라 이성애자로 명확히 구분했다. 소비 시장의 입장에서 보았을 때, 메트로섹슈얼을 게이나 양성애자로 규정하면 마케팅에 한계가 있기 때문이다. 세계적인 다국적 홍보회사 Euro RSCG는 2003년 올해의 단어로 '메트로섹슈얼'을 선정했고, 2004년 트렌드로 메트로섹슈얼 시장이 부상할 것을 전망했다. 〈뉴욕타임스〉(2003년 6월 22일)는 '메트로섹슈얼이 나오다'metrosexuals come out라는 기사를 통해서 미국에서 메트로섹슈얼이 부상하고 있다고 지적했다. 2004년 소비 트렌드로서의 메트로섹슈얼은 세계적인 현상이 되었다.

패션, 화장품, 패션 잡지 등이 메트로섹슈얼에 주목한 이유는 여성 위주의 시장이 포화 상태에 도달했기 때문이다. 따라서 산업은 남성 시장의 성장 가능성에 기대를 걸었다. 일본 화장품 업체인 시세이도가 2002년 적자에서 벗어나 2003년 흑자를 달성한 원인 중 하나는 외모에 관심이 커진 남성을 대상으로 한 신제품 출시에 있었다(박정현, 2004, 7쪽). 패션, 화장품, 액세서리 시장은 메트로섹슈얼이라는 새로운 소비 계층을 만들어냄으로써 급속히 확대되어 갔다.

한국 섬유산업연구회의 조사결과에 따르면, 2003년 남성복 시장 규모는 전년 대비 36퍼센트 증가한 2조 원 규모로 전체 의류 시장의 46퍼센트로 비중이 높아졌다. 같은 해 여성복 시장 규모가 전년 대비 19퍼센트 감소한 것을 고려하면 증가

세는 놀라웠다. 남성 액세서리 시장도 빠르게 성장했다. 남성 주얼리 쇼핑몰인 보보스www.mybobos.co.kr의 경우, 2002년에는 이십대 여성 고객이 90퍼센트에 가까웠다. 여성들이 남자친구의 선물

그림 4-1 조인성은 메트로섹슈얼의 표상이다.

을 구매하기 위해 사이트를 이용했기 때문이다. 그러나 2003년 3월 이후 남성 고객 비중이 90퍼센트로 역전되었고, 이십대는 물론이고 삼사십대까지 구매 연령이 높아졌다. 남성 화장품 시장은 2003년 불황 속에서도 전년 대비 10퍼센트 증가했다.[34] 남성 전용 화장품으로 가장 인기가 높았던 제품은 폼 클렌징이었다. 컬러로션, 미백 제품, 자외선 차단 제품, 남성 전용 세안제 등 제품이 세분화되면서 남성 화장품 시장은 빠르게 성장하고 있다(최성아, 2004).

2004년에는 '조인성 마스크'로 불린 태평양 미래파 마스크팩 광고가 파장을 일으켰다. 조인성뿐만 아니라 강동원, 안정환 등도 남성 화장품 광고와 패션 광고에 등장하면서 메트로섹

---

[34] 남성 화장품 시장은 2000년 2245억 원, 2001년 2450억 원, 2002년 3100억 원, 2003년 3800억 원, 2004년 4100억 원, 2005년 4800억 원으로 5년 사이 두 배가량 증가했다.

슈얼은 소비 시장에서 하나의 키워드로 부상했다. 이들의 공통점은 '예쁘장하고 귀여운 얼굴'이다. 축구선수 안정환은 '꽃을 든 남자' 화장품 광고에 등장하여 동성애적인 시선을 보여주기도 했다. 그는 거칠고 외모에 신경을 쓰지 않을 것 같은 기존 운동선수와 달리 멋진 외모와 헤어스타일을 선보였다. 텔레비전 드라마 〈불새〉(2004)에 등장했던 에릭 역시 메트로섹슈얼 이미지를 보여주었다. 케이블 프로그램인 〈싱글즈 인 서울 2-메트로섹슈얼〉(2004~2005)은 메트로섹슈얼을 본격적인 주제로 다루기도 했다.

    메트로섹슈얼 남성들에게 공통으로 나타나는 특징은 우선 자신의 외모를 가꾸는 데 시간과 돈을 아낌없이 투자한다는 것이다. 그들은 외모 가꾸는 일을 자연스럽게 생각하기 때문에 자기 안의 여성성을 숨기지 않는다. 메트로섹슈얼은 자신만의 화장품, 액세서리 등으로 치장하고 패션과 트렌드를 읽거나 따라간다. '피부가 장난이 아닌데', '로션 하나 바꿨을 뿐인데', '남자가 화장을 한다?', '남자도 가꾸어야 한다' 등의 카피는 이제 더 이상 낯설지 않다.

    메트로섹슈얼은 화장품과 패션 등 소비를 만들어내기 위한 전략이지만, 동시에 남성성과 여성성의 경계가 허물어지는 젠더 관계를 보여준다. 나르시시즘으로서의 자기애가 여성뿐만 아니라 남성에게도 확장되면서 메트로섹슈얼은 소비와 섹슈얼리티의 코드가 되었다.

위버섹슈얼과 콘트라섹슈얼

메트로섹슈얼이 소비 시장에서 부상하자 좀 더 세분화된 섹슈얼리티 용어들이 생겨났다. 꽃미남의 메트로섹슈얼보다 남성적인 모습이 강조된 위버섹슈얼üeber sexual과 여성 중에서 남성성을 지닌 콘트라섹슈얼contrasexual이 등장했다. 2005년은 메트로섹슈얼에서 위버섹슈얼이나 콘트라섹슈얼로 변화되었다.

위버섹슈얼은 '초월한' 혹은 '위에'의 뜻을 가진 독일어 위버üeber와 섹슈얼리티의 합성어다. 위버섹슈얼은 최고의 남성을 뜻하는데, 자신감, 정열, 지도력 같은 남성의 긍정적인 측면을 지니면서도 여성에 대한 경멸, 감정적 공허함, 문화적 소양 부족 등과 같이 남성에게 흔한 약점들을 극복한 사람들이다. 영화 〈굿 나잇 앤 굿 럭 Good Night and Good Luck〉의 조지 클루니George Clooney와 〈글래디에이터Gladiator〉의 러셀 크로Russell Crowe가 대표적인 위버섹슈얼이다.

> 요즘 드라마 속 남자 주인공들을 보면 터프함이 지나쳐 무례해진 것을 알 수 있다. 한참 인기몰이 중인 〈프라하의 연인〉에서 남자 주인공 최상현(김주혁)은 처음 만나는 윤재희(전도연)에게 반말을 하고 거친 태도로 일관한다. 그러나 회를 거듭하면서 최상현은 속마음이 부드러운 듬직한 남자로 변모하고 있다. 이런 추세를 두고 꽃미남을 지칭하는 '메트로섹슈얼'의 시대는 가고 '위버섹슈얼' 시대가 왔다는 분석도 나온다. '위버섹슈얼'은 굳이 꾸미지 않아도 자신감이 넘치며 여성에게는 자상한 남성을 일컫는 말이다.
>
> (〈국민일보〉 2005년 10월 26일 자)

위버섹슈얼은 남성성이 강조된 성적 매력을 보여준다. 스타일을 꾸미지 않아도 스타일이 살아있고, 나르시시즘에 빠지는 것이 아니라 자신감으로 가득한 남성적 매력을 의미한다. 위버섹슈얼의 패션은 메트로섹슈얼처럼 일관된 원칙이 없다. '외모'나 '패션'에서 출발한 메트로섹슈얼과 달리 위버섹슈얼은 '태도'에서 비롯되었기 때문이다. 위버섹슈얼 남자들의 패션이 메트로섹슈얼 남성들의 패션과 다른 점이 있다면, 장식을 많이 하지 않고 기능성과 편안함을 추구한다는 점이다. 꾸미지 않은 듯하면서 은근히 멋을 내는 것이 위버섹슈얼 패션의 특징이다.

위버섹슈얼 남성에게는 민무늬 셔츠가 어울린다. 무늬는 빗살무늬나 점잖은 스트라이프 정도면 족하다. 소매를 걷어 올려 팔 근육을 자연스럽게 드러내는 것도 위버섹슈얼 연출법 중 하나다. 2005년 위버섹슈얼의 대표적인 인물로 부상한 연예인은 〈프라하의 연인〉(2005)의 김주혁, 〈이 죽일 놈의 사랑〉(2005)의 정지훈 등이다. 가수 김종국이나 다니엘 헤니 등도 위버섹슈얼에 속한다.

콘트라섹슈얼contrasexual은 메트로섹슈얼과 대비된다. 콘트라섹슈얼은 전통적인 여성과 반대되는 이삼십대 여성이다. 콘트라섹슈얼은 결혼이나 육아에 중점을 두는 전통적인 여성보다는 사회적 성공과 고소득에 중점을 두는 젊은 여성들을 가리킨다. 이들은 사회적으로 성공하는 것을 가장 큰 가치로 삼는다. 삼십대 중반까지는 결혼이나 자녀에 관심을 가지지 않고 사회 활동에 전념한다. 섹스나 데이트를 즐기면서도 조건에 얽매이지 않고 남녀 관계에 큰 무게를 두지 않는다.

2000년대 중반 이후 대중문화 영역에서도 콘트라섹슈얼을 표상하는 인물들이 적지 않게 등장하고 있다. 〈섹스 앤 더 시티 Sex and the City〉의 사만다 Samantha, 〈브릿지 존스의 일기 Bridget Jone's Diary〉에 나오는 러네이 젤위거 Renee Zellweger가 대표적인 콘트라섹슈얼이다.

한국 드라마에도 콘트라섹슈얼한 여성상이 제시되고 있다. 〈내 이름은 김삼순〉(2005)의 김선아, 〈올드미스 다이어리〉(2004~2005)의 여성 등장인물들, 〈결혼하고 싶은 여자〉(2004)의 방송국 보도국 사회부기자로 분한 명세빈 등이 그러하다. 케이블 방송의 패션 전문 채널인 온 스타일에서는 〈싱글즈 인 서울 3-콘트라섹슈얼〉(2005)을 방영하기도 했다. 광고 회사 AE 권은아, 아티스트 낸시 랭, 앵커 정애숙, 외식업체 프랜차이즈 컨설턴트 유지영, 패션 모델 지현정 등 이삼십 대 여성이 출연해 콘트라섹슈얼의 흐름을 리얼 다큐멘터리 형식으로 그려냈다.

광고에서도 콘트라섹슈얼을 함축하는 내용이 늘어났다. 현대 자동차 투싼 광고는 콘트라섹슈얼의 코드를 진보적으로 표현했다. '강한 여자는 여린 남자에게 끌린다'는 카피부터가 도발적이었다. 커리어 우먼이 연하 남성을 유혹한다는 내용의 광고는 일과 사랑 모두 적극적인 여성이 인정받는다는 것을 보여

그림 4-2 〈내 이름은 김삼순〉에서 김삼순은 남성성을 지닌 여성성으로 콘트라섹슈얼을 보여준다.

그림 4-3 현대 투싼 광고는 콘트라섹슈얼을 표현한다. '강한 여자가 여린 남자에게 끌린다'는 카피부터 도발적이다. 커리어우먼이 연하 남성을 유혹한다는 이 광고는 일과 사랑 모두에 적극적인 여성이 인정받는다는 것을 보여준다.

준다. 직장 여성이 회의 도중 평소 마음에 두고 있던 남자 직원에게 기습 키스를 날리는 오리온 과자 고소미 광고도 파격적이다. 화장품 라끄베르 광고에서는 전문직 여성이 노천카페에서 눈에 띄는 멋진 남성을 당당하게 유혹한다(손영석, 2006).

　메트로섹슈얼이 남성의 개성적인 자기표현 욕망과 외양에 대한 관심을 패션과 화장품 회사의 마케팅으로 이끌어내어 성공한 소비코드라면, 위버섹슈얼은 외양이나 패션보다는 행위와 태도로서 남성성을 표상한다.

　콘트라섹슈얼 역시 행위나 태도로서 남성성을 지닌 여성

성을 제시하면서 대중문화 내에 매력적인 요소로 표현된다. 메트로섹슈얼이 소비에 편입된 섹슈얼리티라면, 위버섹슈얼과 콘트라섹스얼은 단순히 소비에 편입되었다기보다 변화된 젠더 관계를 표상한다고 할 수 있다.

초식남의 등장

2009년 새롭게 등장한 신조어 중의 하나는 초식남草食男이다. 초식남(초식계 남자)은 일본의 여성 칼럼니스트 후카사와 마키가 명명한 용어로, 기존의 '남성다움'(육식적)에 어필하려하지 않으며 자신의 취미 활동에 적극적인, 그러나 이성과의 연애에 소극적인 동성애자와는 구별되는 남성을 뜻한다.

즉 초식동물처럼 온순하고 착한 남자를 일컫는다. 메트로섹슈얼이 꽃미남을 의미했다면, 초식남은 온순한 성격에 부드러운 이미지의 이십대 남성이란 뜻을 내포한다. 이들은 여성스러운 취미와 감수성을 가졌으며, 꼼꼼하고 섬세하여 요리, 패션, 쇼핑에 관심이 많다.

초식남은 이성과 같이 밤을 보낼 일이 있어도 '헛된 꿈'으로 시간과 돈을 들이지 않고 '잠만' 잔다. 회식 자리에서 선배들이 건배를 제안해도 술이 싫다며 "칵테일로 할게요"라고 말한다. 술집보다는 카페를 주로 찾고, 연애보다는 독신 생활을 즐기며, 섬세하고 연약하여 보호본능을 일으키기도 한다. 단순히 여성적인 것이 아니라, 이들은 '남성다움'을 새로 쓰는 '신인류'로 통한다.

초식남은 메트로섹슈얼처럼 소비 시장에 의해 규정되지는 않는다. 위버섹슈얼처럼 강인한 모습도 보이지 않는다. 그런데도, 언론이 초식남을 '신인류'인 양 띄우는 것을 어떻게 봐야 할까? 혹시 지나친 과장은 아닐까?

신자유주의의 흐름 속에서 주변화된 남성성이 초식남으로 의미화했다는 측면에서 주목할 만한 점을 찾을 수 있을지 모르겠다. 외환위기 이후 '88만 원 세대'라는 자조적 표현이 초식남에게 적용되었다는 것. 신자유주의 경쟁 속에서 자신만의 스펙을 쌓는 등 '자신의 가치'를 키우는 데에 초점을 맞추는 방향으로 기존의 남성성이 변화했다고 볼 수 있다.

초식남의 등장은 인터넷이 일상화된 것과도 연관이 있다. 초식남들은 대개 외출을 하기보다 집에 있는 것을 더 좋아하고, 사회적 관계보다는 내면적 자기표현에 몰입하기 때문이다. 초식남은 가정권력의 변화를 반영하기도 한다. 부권의 약화는, 이십 대 남성들이 오이디푸스 콤플렉스를 극복함으로써 남성성을 구성하는 것을 방해하기 때문이다.

초식남은 하나의 코드라기보다는 일부 젊은 20대에게서 나타나는 사회 현상이다. 이것이 새로운 섹슈얼리티를 표상한다고 보기는 어렵지만, 신자유주의 사회에서 주변화된 남성성을 보여줌은 틀림없다. 초식남은 거세된 남성성 혹은 남성성이 약화된 젊은 세대를 표상한다는 점에서 소비 코드나 젠더 관계를 보여주기보다는 당대 현실을 반영한다고 봐야 할 것이다.

02 위장된 동성애의 코드 변환

동성애는 시대를 초월해서 보편적으로 나타나는 현상이다. 기독교 문화권과 유교 문화권은 동성애에 부정적이다. 한국 사회가 동성애를 인정하지 않는 것도 동성애가 유교와 기독교 문화적 전통, 그리고 규범들과 갈등을 일으키기 때문이다. 동성애가 한국 사회에서 수면 위로 떠오르기 시작한 것은 1990년대 중반이었다.

1994년에 남성 동성애 모임인 '친구 사이'와 여성동성애 모임인 '끼리끼리'가 조직되었고, 이후 PC통신을 중심으로 천리안 동성애 모임 'Queer Net'(1995), 하이텔 동성애 모임 '또 하나의 사랑'(1996), 나우누리 동성애 모임 '레인보우'(1996) 등이 결성되었다. 이들은 인권 운동으로 전개하면서, 동성애에 대한 기존의 시각을 바꾸려는 노력이 이어졌다. 서울에 있는 몇몇 대학교에서 오프라인 동성애 모임이 결성되기도 했다. 1995년에 서동진 씨는 자신이 동성애자임을 최초로 밝히기도 했다.

1990년대 초중반에는 동성애를 다룬 영화가 높은 예술적 평가를 받으며 한국에서도 인기를 끌었다. 〈원초적 본능〉(1992), 〈크라잉게임〉(1992), 〈패왕별희〉(1993), 〈필라델피아〉(1993), 〈해피투게더〉(1997) 등 동성애 영화는 비평가들의 호평

그림 4-4 퀴어문화축제 포스터. 2000년에 처음 축제가 시작된 이후 매년 열린다.

과 더불어 국내에서도 흥행했다. 이 같은 영화들의 성공으로 국내에서도 동성애라는 소재가 문학, 연극, 영화, 텔레비전 드라마에서 다루어지기 시작했다.

PC통신 동성애 모임의 확대와 동성애 영화의 성공은 국내에서도 동성애라는 소재가 받아들여질 수 있는 토대를 마련했다. 텔레비전이나 인쇄 광고에서도 동성애 소재가 심심찮게 등장했다. 1995년 패션 브랜드 '지오디', 진도패션 '르파르', 의류 브랜드 'OPT'의 광고에서 여성과 남성의 동성애가 묘사되었다.

특히 2000년에 홍석천이 커밍아웃한 것을 시작으로 집단적인 커밍아웃이 일어났다. 퀴어문화축제가 2000년 9월 8일과 9일, 이틀동안 연세대와 대학로에서 처음 열렸고, 독립예술제도 함께 개최되었다. 첫 번째 퀴어문화축제에 스물한 개의 단체들이 참여한 이래 매년 개최되고 있다. 퀴어문화축제는 동성애가 인터넷 공간이나 '그들만의 세상 안'에 머물다가 '세상 밖'으로 나왔다는 점에서 큰 의미를 지닌다.

감춤 속의 드러냄, 드러냄 속의 감춤

1990년대 중반 이후부터 텔레비전은 동성애를 점차 다루기 시작했다. 텔레비전의 보수성을 고려하면, 텔레비전이 동성애를 다루기 시작했다는 것은 더 이상 동성애가 덮어둘 수 없는 현상임을 인식했다는 의미다. 1990년대 중반 이전에도 동성애자가 드라마에 등장한 적이 있었지만, 대체로 웃음거리거나 열등한 존재로 취급되었다. 동성애자가 등장하긴 했지만, 동성애를 다루었다고 보기 어려웠다.

텔레비전이 동성애를 직접적으로 다루기 시작한 것은 1995년 이후다. 〈두 여자의 사랑〉(1995)과 드라마 스페셜 〈째즈〉(1995)가 방영되면서 금기시됐던 동성애가 텔레비전 드라마 안으로 들어왔다. 〈두 여자의 사랑〉은 한 여자(정옥)가 여자 친구를 일방적으로 사랑했다는 사실이 죽은 뒤에야 알려지는 방식으로 이야기를 전개함으로써 동성애를 다루었다는 규범적 비판을 피해 갔다.

〈두 여자의 사랑〉은 정옥이 동성애의 감정 때문에 결국 자살을 선택함으로써 출구없는 사랑을 주제로 삼았다. 〈째즈〉는 남성 동성애를 다루었는데, 남자친구 사이인 하늘과 한새의 관계가 은폐되어 있지만, 여대생의 죽음을 둘러싸고 삶의 목표를 잃어버린 상류층 젊은 세대의 뒤틀린 사랑을 추리극 형식으로 다루었다. 〈째즈〉는 한새가 하늘을 좋아하는 감정이 살인의 동기였음을 함축적으로 보여준다.

〈두 여자의 사랑〉과 〈째즈〉의 뒤를 이어 1997년에 70분 드라마 〈숙희, 정희〉(1997)가 방영되었으나 미풍양속을 해쳤다는 이유로 방송위원회의 경고를 받았다. 같은 해, 성폭행을 당해 남성을 기피하게 된 여인이 동성 친구에게 사랑을 느끼는 〈은비늘〉(1997)도 KBS에서 방영되었다. 〈새〉(1999)에서는 동성애로 살아가는 광자 부부가 주변 인물로 등장했다.

〈슬픈 유혹〉(1999)은 동성애 드라마 중에서 유일하게 호평을 받았다. 〈슬픈 유혹〉은 사랑이란 성별이 중요한 게 아니라 서로의 상처를 만져 주는 것이라는 점을 표현했다. 성별과 관계없이 사랑은 인간에게 본질이라는 것이다. 〈슬픈 유혹〉의 대사들은 화제를 일으켰다. 왜 동성애자가 되었느냐는 준영의 물음에 문기는 다음과 같이 답한다.

"넌… 왜 동성애자가 됐냐?"
"당신은 왜 이성애자가 됐습니까?"
"……"
"당신이 대답하지 못하는 것처럼, 나 또한 대답할 수 없는 질문입니다. 내 뜻이 아니었습니다. 지금 당신이 늙어가고, 회사에서 밀려나는 게 당신 뜻이 아니었던 것처럼."
"여잘 사랑한 경험이 있냐?"
"그전에도 남자라서 사랑한 경험은 없는 것 같습니다. 진우란 남잘 만나고, 경민이란 남잘 만났지만, 그 사람들이 남자라서 만난 건 아니었습니다. 당신은 당신 부인을 여자라서 만났습니까?"
"……"
"나는 남자를 사랑하는 게 아닙니다. 내가 사랑하는 사람이 남자였을 뿐입니다."

그러나 대체로 언론은 동성애를 세기말 현상으로 다루면서 상업적인 소재라는 점을 부각시켰다. 게다가 방송위원회도 동성애를 다룬 드라마에 경고를 주거나 〈크라잉 게임〉을 동성애 영화로 규정하여 방송 불가 판정을 내리기도 했다. 1990년대 중반 이후 동성애 문제는 사회적으로 감춰지기보다 드러나는 경향이 지배적이었지만, 텔레비전 드라마는 제도적·법적 이유 때문에 단막극 중심으로 간헐적으로 방영되었다.

2002년, 세 편의 동성애 드라마 - 〈연인들의 점심식사〉, 〈너를 만나고 싶다〉, 〈금지된 사랑〉 - 가 방영되었다. 세 편의 단막극이 방영되자 당시 PC통신에서는 이들 드라마를 놓고 열띤 토론을 벌였다. 특히 〈너를 만나고 싶다〉와 〈금지된 사랑〉은 주인공이 죽음이라는 극단적 방식을 피하고 있다는 점에서 이전 동성애 드라마의 결말과 달랐다.[10]

텔레비전 동성애 드라마에서 주인공들은 대부분 죽는다. 동성애 드라마는 주인공의 삶을 자살, 교통사고등의 사고사로 마무리함으로써 동성애에 대한 편견을 강화시키기도 했다. 동성애는 이루어질 수 없는 사랑이라고 말하기 때문이다. 그러나 동성애 드라마는 점차 죽음의 코드를 벗어냈다. 〈너를 만나고 싶다〉와 〈금지된 사랑〉은 죽음으로서의 동성애가 아닌 다른 결론을 보여주었다. 이 드라마들은 동성애를 바라보는 시청자 해독의 폭을 열어 놓았다는 점에서 의미를 지닌다. 동성애를 바라보는 시각의 변화가 텔레비전 드라마 결말에 반영되었음을 보여준다.

텔레비전 동성애 드라마의 서사 전략도 조금씩 변화하기 시작했다. 〈두 여자의 사랑〉[35]은 '감추기 전략'을 사용했다. 시청자는 드라마가 끝날 때까지 동성애 드라마라는 사실을 알지 못한다. 남성 동성애를 다룬 드라마 〈째즈〉, 〈연인들의 점심식사〉, 〈너를 만나고 싶다〉는 '감춤 속의 드러냄'의 전략을 사용했다. 세 드라마의 이야기 구조와 서술 행위는 거의 유사하다. 플롯, 시점, 작가의 묘사, 회상을 활용한 시간 전개 등이 남성 동성애를 감추는 역할을 담당했다.

---

[35] 이전까지 텔레비전 동성애 드라마의 결말은 대부분 주인공이 죽는 것이었다. 〈두 여자의 사랑〉에서 주인공 정옥은 자살했고, 〈째즈〉의 남자 주인공 한새와 하늘도 동반 자살했다. 〈숙희 정희〉에서도 숙희는 죽으며, 〈은비늘〉의 여주인공은 아이를 낳다가 죽는다. 〈연인들의 점심식사〉에서 정후는 동성애 친구 인성을 만나러 가다가 교통사고로 죽고, 인성 역시 정후의 뒤를 따를 것을 암시하고 있다.

플롯의 경우 일반적인 플롯의 기능에서 벗어나 있었다. 플롯이 지닌 기능 중의 하나는 이야기의 개연성을 줄여나가는 것인데, 이들 드라마는 이야기의 개연성을 줄이기보다 개연성 자체를 감추었다. 플롯 자체가 감추기 과정을 통해 구조화되어 있기 때문에 남성 동성애는 드러나지 않다가 마지막 시퀀스에서 갑자기 밝혀진다.

동성애 드라마는 이와 같은 플롯을 뒷받침하기 위해 남성 동성애자의 시점이 아니라 주로 아내나 다른 사람의 시점을 활용했다. 아내의 시점을 사용하면 갈등은 아내와 다른 남자의 관계로 설정될 수밖에 없다. 남성 동성애는 플롯의 구조 밖에 놓이게 되는 것이다. 더욱이 이들 남성 동성애 드라마는 내적 회상과 혼합 회상[36]을 적절히 활용하여 동성애 문제를 감춘다.

남성 동성애 드라마와 다르게 여성 동성애 드라마는 '드러냄 속의 감춤'이라는 전략을 사용한다. 〈숙희 정희〉에서 숙희는 백화점에 근무하는 정희와 만나는데, 숙희 생일날 둘은 부둥켜안고 케이크 생크림을 먹여주는 등 애정 표현을 스스럼없이 한다. 〈금지된 사랑〉에서도 동성애 당사자인 현선의 시점을

---

[36] 내적 회상은 이야기 전개과정 내에서 존재하는 사건에 대한 회상이며, 혼합 회상은 이야기가 진행되기 바로 전에 발생한 사건에 대한 회상이다. 예를 들어, 이야기의 시작 시점이 2000년 봄이고, 현재 진행되는 이야기 시점이 2001년 가을이라면, 여름이 있었던 내용을 회상하는 것은 내적 회상, 이야기가 시작된 시점인 2000년 봄을 회상하는 장면은 혼합 회상이 된다.

활용함으로써 적극적으로 동성애를 묘사하고 있다. 특히 동성애 문제를 회사(백화점과 광고 회사)라는 조직 안에 위치시킴으로써 남성 동성애와는 다른 서술방식을 보여준다. 남성 동성애는 개인적 수준에서만 이야기가 진행될뿐, 회사나 사회제도라는 공간 안으로 들어오지 않는다. 여성 동성애 드라마가 회사라는 공적 영역 안에서 적극적으로 동성애 문제를 다루는 것과 다르다.

여성 동성애 드라마는 동성애가 사적 영역에만 국한된 것이 아님을 말하며, 동성애 문제가 사회적 제도 속에서 논의될 필요가 있음을 보여준다. 그러나 여성 동성애 드라마가 적극적으로 동성애를 표현하는 등 가족과 제도라는 공간 안에 위치하면서 드러내기 서술방식에 의존하지만, 여전히 묘사나 서술방식은 암시적이거나 시선의 교류를 통해 이루어진다. 이렇게 '드러냄 속에서 감춤'이라는 전략을 사용한다.

남성 동성애 드라마와 여성 동성애 드라마는 대립적 방식으로 제3의 성을 서술한다. 여기에는 남성 동성애와 여성 동성애를 바라보는 우리 사회의 편향이 매개 되어 있다. 비록 같은 동성애라고 하더라도 여성 동성애는 남성 동성애보다 상대적으로 더 관대하게 받아들여지는 것처럼 보인다.

남성 동성애 드라마가 아내의 시점에서 다뤄지고 암시적 묘사를 더 사용하고 드라마의 공간이 가정으로 설정되어 있다는 사실은, 남성 동성애에 대한 우리 사회의 배타적 시선을 피하기 위한 것이다. 이것은 아마도 남성 동성애와 에이즈, 혹은 1970년대 초중반 서구에서 남성 동성애자들이 자유와 해방을 주장하면서 성적 문란함에 빠졌던 것에 기인할 것이다. 텔레비전 드라마가 남성 동성애를 다루는 데 있어 우리 사회의 관습들이 보이지 않게 억압했다고 볼 수 있다.

텔레비전 동성애 드라마는 이야기 전개 과정에서 결혼을 중요한 기제르 사용한다. 〈슬픈 유혹〉, 〈연인들의 점심식사〉, 〈그를 만나고 싶다〉 등의 드라마에서 결혼은 동성애의 정체성을 은폐하기 위한 장치로 활용되지만, 주인공들의 동성애가 결국 파국으로 치닫는다는 점에서 기존의 결혼제도를 강화한다. 〈금지된 사랑〉에서도 양성애 성향을 은밀하게 보여주는 진희가 김 대리와 결혼함으로써 동성애의 욕망은 좌절된다. 사실상 동성애자는 기존의 결혼제도(가족제도)에서 벗어나 있음에도, 드라마 이야기의 중심에 결혼이란 장치가 삽입됨으로써 결혼과 가족제도는 공고해진다.

〈커피프린스 1호점〉(2007), 〈바람의 화원〉(2008), 〈미남이시네요〉(2009) 등은 동성애 드라마의 새로운 코드 변화를 보여주었다. 남장 여자라는 새로운 방식으로 동성애 문제를 우회적으로 다루면서 재미의 전략을 높인 것이다.[37] 〈커피프린스 1호점〉은 아버지를 여의고 가장 노릇을 하게 된 맏딸 고은찬(윤은혜)이 돈을 벌고자 커피프린스 1호점을 찾아가면서 시작한다. 하지만 '커피프린스'라는 상호에서 알 수 있듯이, 이곳은 여자를 고용하지 않는 곳이다. 고은찬은 남장하고 사장 최한결(공유)에게 자신이 여자임을 숨기면서 일을 한다. 최한결은 귀여운 고은찬을 점점 좋아하게 되면서 심한 내적 갈등을 겪는다. 최한결은 자신은 게이가 아니라고 스스로 마음을 잡지만, 고은찬에게서 벗어날 수 없는 자신을 보며 더욱 고통스러워한다. 결국, 최한결은 고은찬에게 기습 키스를 하며 "네가 남자든 외계인이든 상관 안 해. 갈 때까지 가보자"라며 고백한다. 사실상 커밍아웃을 한 것이다. 그러던 어느 날 최한결은 고은찬이 여자라는 사실을 알게 된다. 최한결의 사촌형인 최한성(이선균) 역시 고은찬을 좋아하지만, 최한결과 고은찬이 서로 좋아하는 것을 알고 커피프린스 직원들과 함께 둘을 이어준다.

〈커피프린스 1호점〉이 동성애 드라마인가 의문을 제기할 수 있다. 〈커피프린스 1호점〉은 동성애를 다룬 드라마라기보다 흥미로운 서사 전략으로 남장 여자를 등장시키며 동성애 코드를 살짝 빌린 것이기 때문이다. 동성애 코드는 주변적 요소로 기능한다고 볼 수 있다. 오히려 여자들이 꿈꾸는 사랑 이야기라고 말하는 것이 정확하다. 〈커피프린스 1호점〉은 여성들이 꿈꾸는 성적 환상과 에로티시즘, 로맨스가 포함되어 있기

---

37 일본 만화 〈아름다운 그대에게〉(1996~2004)는 남장 여자 코드를 활용하면서 폭발적인 인기를 끌었다. 나카조 히사야의 〈아름다운 그대에게〉는 총 23권이 나왔는데, 누적 판매량은 1,500만 권이나 되었다. 2007년 후지TV에서 드라마로 제작되었다.

그림 4-5 〈커피프린스 1호점〉은 남장 여자라는 새로운 방식으로 동성애를 우회적으로 다루었다. 그러나 여성 시청자들은 이 드라마를 동성애 코드로 읽는 것이 아니라 매력적인 남성이라는 시각에서 바라본다.

때문이다.

성적 매력을 보여주는 최한결, 눈웃음이 귀여운 연하남 이미지의 진하림(김동욱), 매력적인 몸매의 노선기(김재욱), 부드러운 이미지의 최한성, 남성적 매력을 보여주는 황민엽(이언) 등의 캐릭터는 여성의 성적 환상을 만들어주기에 충분하다. 시청자들은 이들에게 '완소한결', '와플선기', '민폐민엽', '자뻑하림'이라는 애칭까지 붙여주었다.

〈커피프린스 1호점〉을 동성애 드라마로 부르기 어렵다고 하더라도 극의 초반부에 시청자의 관심을 끈 것은 분명히 동성애 코드다. 곱상한 외모에 섬세한 프린스들만이 있는 커피숍은 설정부터가 게이 코드였다. 〈커피프린스 1호점〉에서 나타난 여성 시청자의 시선은 흥미롭다. 여성 시청자들은 게이 코드 혹은 동성애 코드를 게이나 동성애의 시각에서 바라보기보다 꽃미남이나 아름다운 남성이라는 시각에서 본다.

〈커피프린스 1호점〉이 방영 중일 때, SBS 라디오 〈김어준의 뉴스 앤 조이〉가 실시한 조사에서 드라마, 영화의 동성애 소재에 대한 선호도는 남성(16%)보다 여성(25%)이 높았다. 연령별로 보면 20대(24%), 30대(23%), 40대(16%) 순이었다. 전체적으로 선호보다 비호감이 많지만, 젊은 여성일수록 거부감이 적었다(양성희, 2008, 152쪽).

이것은 젊은 여성들이 게이나 동성애 코드를 그 자체로 보는 것이 아니라 성적 환상으로 본다는 것을 의미한다. 〈커피프린스 1호점〉에는 여성들의 성적 환상을 충족시키기 위해 '위장된 동성애 코드'가 사용된 것이다.

〈바람의 화원〉도 남장 여자라는 코드를 활용했다. 일월당 서징의 딸인 신윤복(문근영)은 음모에 의해 일월당이 살해되고 나서 신한평의 집에서 아들로 키워진다. 신한평은 신윤복을 왕실의 화원으로 만들어 자신의 가문을 빛낼 목적으로 돌본다. 여자는 도화서에 들어갈 수 없고, 벼슬도 할 수 없기에 신윤복은 아들로 자라게 된다. 어느 날, 신윤복이 외도 중이던 정순왕후의 모습을 그리면서 도화서는 발칵 뒤집힌다. 범인을 찾기 위해 도화서에 와서 생도들을 교육하던 김홍도는 신윤복이 범인이라는 것을 알아차리지만, 그 재능을 알아보고 감싸준다. 이 일로 김홍도가 위기에 처하자 신윤복은 죄책감에 스스로 자신의 손을 돌로 내리찧게 되고, 이 과정에서 가야금 솜씨가 뛰어난 미모의 기생 정향을 만나 연모의 정을 쌓는다. 김홍도와 신윤복은 정향이 팔려간 김조년의 개인 화원으로 들어간다. 정조는 김홍도와 신윤복에게 사도세자의 초상화를 그리도록 명하며, 그로써 신윤복의 아버지 일월당의 억울한 누명도 벗겨진다.

〈바람의 화원〉에서 보이는 동성애 코드는 신윤복과 기녀 정향, 그리고 신윤복과 김홍도 사이에서 나타난다. 신윤복은 정순왕후의 모습을 몰래 훔쳐보고 그렸다는 이유로 쫓기게 되면서 정향을 만난다.

> "향기가 있어 왔더니, 꽃이 있군."
> "꽃을 함부로 밟는 나비가 어디 있답니까?"
> "아리따운 꽃에는 응당 나비가 앉는 법."
> "아무나 앉으라 있는 꽃이 아닙니다."

신윤복과 정향의 대화는 드라마 내내 비유, 은유, 그리고 상징으로 표현된다. 〈바람의 화원〉이 역사드라마인 탓도 있지만, 남장 여자와 여자의 사랑이라는 동성애 코드에 대한 거부감을 완화하기 위해서다.

두 사람의 사랑은 표면상으로 아무런 문제가 없으나 신윤복이 남장 여자라는 사실을 아는 시청자는 신윤복이 정향과 사랑에 빠지는 것을 의아하게 생각할 수 있다.

 드라마는 이 두 사람의 사랑을 이어주는 동기를 동성애적 욕망이 아닌 서로의 예술 세계에 대한 흠모로 묘사한다. 신윤복은 정향의 가야금 솜씨에 빠지고, 정향은 신윤복의 그림솜씨에 빠지기 때문이다. 이들은 서로의 예술성을 이해하면서 사랑을 키우는 것이다. 신윤복은 정향을 사랑하면서 자신의 감춰진 여성성을 깨닫게 된다. 결국 동성애적 사랑을 통해서 자신의 여성성을 알게 된다는 점에서 〈바람의 화원〉 또한 위장된 동성애 코드를 사용하고 있다고 볼 수 있다.

 김홍도는 신윤복의 여장 모습을 본 순간 마음이 흔들린다. 하지만, 엄격한 유교 사회에서 동성애란 용서받지 못할 죄이다. 김홍도는 자신이 비록 정조의 총애를 받고 있지만, 남자를 흠모하는 사실이 발각되면 어떤 결과가 초래될지 잘 알고 있다. 김홍도의 고민은 〈커피프린스 1호점〉에서 최한결의 고민과 똑같다.

 그러나 앞에서 논의했던 단막극 동성애 드라마와 달리, 신윤복과 고은찬은 남장 여자이기 때문에 시청자는 김홍도와 최한결의 고민을 심각하게 고려하지 않는다. 드라마 내에서 김홍도와 최한결만 고민에 빠지는 것이다. 이런 면에서, 〈커피프린스 1호점〉과 〈바람의 화원〉은 시청자와 '공모 관계'를 맺는다. 시청자는 신윤복과 고은찬이 여자라는 사실을 알지만, 등장인물은 모른다. 즉 시청자와 신윤복 혹은 고은찬은 비밀을 공유하는 관계를 맺는다.

〈커피프린스 1호점〉과 〈바람의 화원〉이 겉으로는 동성애 코드를 사용하고 있지만, 그것은 위장된 동성애라는 점, 그리고 드라마와 시청자 사이에 공모적 관계를 맺고 있다는 점에서 동성애 코드는 드라마적 흥미를 자아내기 위한 장치로 기능할 뿐이다. 동성애 문제를 진지하게 다루었던 단막극의 동성애 드라마와는 근본적으로 전략이 다른 것이다.

시각적 즐거움으로서 남성 동성애

2005년, 〈왕의 남자〉가 성공을 거두기 전까지 동성애를 다룬 영화들은 대체로 흥행에 실패했다. 〈가슴 달린 남자〉(1993)는 남장 여자가 여자 동료와 남자에게 동시에 시선을 받는 내용이었다. 〈내일로 흐르는 강〉(1996)은 삼십대 중반 노총각과 사십대 후반 유부남의 사랑을 다루었다. 〈짱〉(1999)은 여장 남자를 통해 여성 동성애를 다루기도 했다. 한 남자가 오래 짝사랑해 온 여자 곁에 있고 싶어 여장하게 되는 것이 기본 모티브다. 사실, 위의 영화들은 동성애를 다루었다고 말하기 어렵다. 동성애라기보다 이성애가 주요한 내용이기 때문이다. 비록 동성애 코드를 차용했지만, 로맨틱 코미디 형식을 통해서 우회적으로 그려낼 뿐이었다.

1999년에 개봉된 세 편의 영화 〈노랑머리〉, 〈여고괴담 2〉, 〈텔미 썸씽〉은 여성 동성애를 부분적으로 보여주었다. 다만,

동성애가 전반적인 영화 주제로 활용된 게 아니라, 이야기를 구성하는 한 요소로만 취급됐다. 일종의 대중적 시선을 끌기 위한 전략이었다.

〈번지점프를 하다〉(2000)는 사랑했던 여성이 남학생으로 환생했다는 설정 때문에 남녀의 애틋한 사랑을 다루는 이야기로 보이지만, 영화의 큰 틀은 남자 교사와 남자 제자 사이의 사랑을 기본 줄거리로 하고 있다. 동성애 문제를 정면으로 다루었지만, 관객의 호응은 낮았다. 2000년 이전까지 동성애 영화는 동성애를 진지하게 탐구했다기보다 주변적인 소재로 사용하는 경우가 많았다.

2002년에 개봉된 〈로드무비〉는 거친 영상으로 동성애에 대한 사회적 관습을 암울하고 진지한 분위기로 다루었다. 증권회사 펀드 매니저였다가 노숙자로 전락한 후, 밑바닥 삶을 살아가면서 삶의 분노와 절망을 함께 경험한 석원(정찬)은 대식을 만나 사랑을 하게 된다. 이 두 인물이 여행 중에 도발적인 여자 일주(서린)를 만나면서 세 사람 사이의 얽힌 관계가 이야기의 줄거리를 이룬다. 석원과 대식의 성행위도 노골적으로 표현되었다.

동성애를 다룬 영화들이 대체로 흥행에 실패한 반면, 〈왕의 남자〉는 1,200만 관객을 불러 모으는 등 성공을 거두었다. 이후, 〈서양골동양과자점 앤티크〉(2006), 〈쌍화점〉(2008), 〈미인도〉(2008) 등의 영화가 제작되었고, 독립영화로는 커밍아웃한 감독과 제작자가 만든 〈후회하지 않아〉(2006)와 〈소년, 소년을 만나다〉(2008)가 만들어졌다. 〈후회하지 않아〉는 파격적인 성애 장면을 담고 있는데 독립영화로는 예상을 뛰어넘는 5만 관객을 돌파했다. 〈소년, 소년을 만나다〉는 비극적이고 우울한 분위기를 담았던 기존 동성애 영화와 다르게 첫사랑을 밝고 투명하게 그려냈다.

〈왕의 남자〉는 조선시대 연산조 궁궐을 배경으로 궁중 광대들의 한판 놀음을 그려낸 영화다. 사약을 받은 생모 윤씨의 비밀을 알고 무오사화와 갑자사화의 참극을 일으킨 연산군의 이야기와 멸시와 가난 속에서도 삶의 유희를 즐겼던 광대들의 이야기가 줄거리를 이룬다. 연산군과 장녹수, 장생과 공길, 이 네 명의 주인공은 권력욕과 동성애라는 연결 고리로 이어져있다. 공길을 사랑한 장생, 공길을 사랑하는 연산군, 그리고 연산군의 사랑을 빼앗은 공길에 대한 장녹수의 질투가 주요 플롯이다.

조선 연산군 시대의 남사당패 장생은 공길과 광대 생활을 하며 살아간다. 공길은 여자보다 아름다운 외모 때문에 남사당패 놀이가 끝나면 원치 않더라도 양반들의 침소로 불려간다. 장생은 이런 공길을 데리고 도주하여 한양에 도착해 한양의 광대들을 제압한다.

장생과 공길의 놀이판은 연산군과 장녹수 그리고 내시들을 소재로 대성공을 거두지만 왕을 희롱한 죄로 의금부에 끌려간다. 그러나 장생과 공길은 연산군 앞에서 놀이를 하고 연산군은

그림 4-6 〈왕의 남자〉는 세 가지 지점에서 동성애를 보여준다. 공길을 몸을 탐하는 노회한 양반들의 육체적 욕망으로서 동성애, 연산군에게 보이는 육체적 욕망과 정신적 결핍으로 형성되는 동성애, 그리고 장생이 보여주듯 광대의 삶이라는 예술적 교감을 통한 동성애.

공길에 빠져 장녹수를 멀리한다. 대신들은 광대들을 죽이려고 음모를 꾸미고 장생은 모든 죄를 뒤집어쓰지만, 공길의 부탁으로 목숨만은 건진다. 장생과 공길은 연산군 앞에서 마지막 줄타기를 하고 반란군이 궁에 들어오면서 영화는 끝난다.

〈왕의 남자〉에서 장생과 공길, 공길과 연산군은 중요한 동성애 코드로 짜여있다. 장생과 공길의 동성애는 명시적으로 드러나기보다 암시적으로 표현된다. 이 둘의 복잡한 감정이 우정에 가까운 동성애라면, 연산군의 공길에 대한 사랑은 성적 욕망과 불안한 정서 속에서 표출되는 동성애다. 연산군은 장녹수를 곁에 두고도 채워지지 않는 모성애에 대한 그리움을 공길을 통해서 느낀다. 공길이 폐비 윤씨에 대한 상처를 꺼내어 함께 아파해주기 때문이다. 연산군은 자신을 공감해주고 감싸줄 사람이 필요했고, 공길은 그런 연산군에게 연민을 느낀다. 연산군의 동성애는 성애로서 동성애에 머물지 않고 자신의 아픔을 감싸주고 공유하는 공길에 대한 정신적 교류를 포함한다.

〈왕의 남자〉에서 보이는 동성애 코드를 세 가지 지점에서 살펴볼 수 있다. 첫째, 오직 공길의 몸을 탐하는 노회한 양반들의 동성애는 육체적 욕망만이 표현된 동성애다. 둘째, 연산군이 공길에게 갖는 동성애 욕망은 육체적 욕망과 정신적 결핍에 기인하는 동성애다. 셋째, 장생이 공길에게 갖는 동성애는 육체적 욕망이 아니라 광대의 삶 혹은 예술의 삶을 통한 교류로부터 느끼는 동성애다.

〈왕의 남자〉는 동성애의 다양한 층위를 보여 준다. 〈왕의 남자〉에서 동성애와 관련하여 가장 중요한 인물은 공길이다. 공길은 순수하고 여리며 우유부단하다. 장생이 자유를 추구하는 남성적 예술가라면, 공길은 세상을 연민과 부드러움으로 바라보는 여성적 예술가다. 공길의 여성적 모습은 연산을 대하는 태도에서 분명히 드러나는데, 연산군에 대한 공길의 태도는 사랑이 아니라 연민에 가깝다.

〈서양골동양과자점 앤티크〉는 남성 동성애를 드러내 놓고 표현한다. 네 명의 등장인물은 모두 매력적인 꽃미남이다. 수다쟁이 호색한 진혁은 가족만 나타나면 행실이 좋지 않은 재벌 2세 도련님으로 돌변하고, 남자들과 거침없이 복잡한 연애를 즐기는 '마성의 게이' 선우는 여자 앞에만 서면 심각한 여성 공포증을 드러낸다. 곱상한 외모와 달리 거친 성격의 기범은 알고 보니 최연소 동양 챔피언이었던 전직 복서였으며, 몸짱 경호원 수영은 실은 늘 진혁의 보살핌을 받는 사고뭉치다. 특히 동성애 정체성을 숨김없이 드러내는 선우는 이 영화 속 동성애의 핵심이다. 선우는 자신이 게이인 것을 고민하지 않으며 다른 사람의 시선도 의식하지 않는다. 선우의 동성애 정체성은 어떤 동기가 있는 것이 아니라 본질인 것이다.

〈서양골동양과자점 앤티크〉는 요시나가 후미의 만화가 원작이다. 만화라는 특성으로 〈서양골동양과자점 앤티크〉의 표현 방식은 상당히 자유롭다. 영화는 코미디를 바탕으로 뮤지컬, 미스터리, 스릴러 등을 혼합한다. 케이크에 대해서 아무것도 모르는 진혁이 선우와 특별 훈련을 통해 케이크를 알고 만들어 가는 장면에는 화려한 댄스와 뮤지컬 퍼포먼스가 동원된다. 빗속의 댄스, 클럽 댄스 등 한 편의 뮤직 비디오를 보는 느낌이 든다. 남자끼리의 키스 장면이나 애정 장면도 감추지 않고 그대로 보여준다. 선우와 장 바티스트의 적나라한 노출과 애정 행위는 이전의 동성애 영화에서는 보이지 않던 장면이었다.[38]

2000년대 중반 이후, 동성애 영화는 유독 남성 동성애만을 다뤄오고 있다. 동성애 영화가 여성 관객을 대상으로 시각적 즐거움을 만들어내기 위한 전략으로 사용되고 있기 때문일 것

---

[38] 동성애에 대한 적극적인 성애 묘사는 〈쌍화점〉(2008)으로 이어진다. 공민왕과 36인의 미소년 친위부대 '건룡위'의 일원인 홍림의 애정 장면은 노골적으로 표현된다.

이다. 〈서양골동양제과점 앤티크〉는 이 같은 시각적 즐거움의 목적을 명백히 드러낸다.

〈서양골동양제과점 앤티크〉는 텔레비전 드라마 〈커피프린스 1호점〉을 영화에 그대로 옮겨 놓은 듯하다. 〈왕의 남자〉에서도 공길로 분한 배우 이준기가 특히 주목을 받았는데, 이는 그가 연기한 동성애적인 모습이 아니라 그의 꽃미남적인 외모 덕이 컸다. 〈쌍화점〉에서 홍림으로 나오는 조인성도 공길과 유사한 방식으로 여성 관객을 사로잡는다. 이 영화들은 동성애 영화라기보다 시각적 즐거움을 꾸며내기 위한 도구로 동성애를 사용했을 뿐이다. 이것은 여성 관객이 이들 영화에서 동성

그림 4-7 〈후회하지 않아〉(2006)(좌)와 〈소년, 소년을 만나다〉(2008)(우)는 기존의 동성애 영화나 드라마와 다르게 위장되지 않은 동성애를 그려낸다.

애를 읽는 것이 아니라 아름다운 남성 그 자체를 소비한다는 것을 의미한다. 〈바람의 화원〉의 영화판인 〈미인도〉는 남장 여자 신윤복을 통해 텔레비전과 마찬가지로 등장인물과 관객 사이에 공모적 관계를 맺게 한다.

반면 동성애를 진지하게 다룬 영화는 대체로 관객 동원에 실패했다. 이런 영화는 관객으로 하여금 시각적 즐거움을 위해 주인공을 바라보게 하는 것이 아니라, 동성애 영화로 보도록 요구하기 때문이다. 따라서 관객은 시각적, 정서적 불편함을 경험한다. 주로 독립영화는 시각적 즐거움으로서가 아닌 동성애의 사실적인 면을 그려낸다. 이송희일 감독의 〈후회하지 않아〉나 김조광수 감독의 〈소년, 소년을 만나다〉와 같은 영화가 동성애 감독에 의한 위장되지 않는 동성애 영화이다.

03 팬픽: 소녀들의 환상 놀이

인터넷 공간에서 팬픽은 1990년대 후반 이후에 급속히 확대되었다. 현재(2010년 2월) 포털 사이트 '다음'에서 카페 검색을 해보면 팬픽 카페는 9,260개나 된다. 김훈순·김민정(2004)이 2003년 11월 검색한 '다음' 팬픽 카페 수는 9,241개였다. 팬픽 카페의 수는 2000년대 중반 이후 정체 상태에 있다. 팬픽 카페 수가 더 증가하지 않음은 팬픽 카페가 어느 정도 팬덤 현상의 하위문화로서 자리 잡았다는 것을 의미하기도 한다. 팬픽 카페

그림 4-8 동방신기 팬픽 카페 New 東方神技 Fanfic No.1

가 1990년대 후반에서 2000년대 초반에 걸쳐 양적으로 증가했다면, 2000대 중반 이후에는 팬픽의 스타일과 형식들이 질적으로 변화했다. 초기 팬픽은 중요한 스토리 라인을 가지지 못했지만, 현재는 팬픽의 장르, 작가, 팬픽 전문 카페, 카페 운영방식에 이르기까지 더욱 전문화되었다.

한국 사회에 처음으로 등장한 스타 팬픽은 1996년 H.O.T 팬클럽 'LEOP'에 연재되었던 '올웨스'였다. 이후, PC통신의 H.O.T 팬클럽을 중심으로 팬픽 붐이 일기 시작했다. 팬픽 붐은 이지련의 무협소설 《협객기》(1999)가 출간되면서 증폭되었다. 《협객기》는 H.O.T 팬픽으로 PC통신에서 연재되던 것이다. 《협객기》는 팬픽 문화에서 중요한 계기를 제공했다. 젝스

키스나 신화 등 다른 인기 가수 홈페이지에도 자연스럽게 팬픽 메뉴가 자리 잡기 시작했다. 초기 팬픽은 드라마나 영화에서 모티브를 가져와 줄거리를 만들었지만, 장르는 판타지, 코미디, 로맨스뿐만 아니라 동성애 등 다양했다.

인터넷의 등장과 1990년대 후반 이후 등장한 아이돌 그룹의 인기와 맞물려 팬픽은 더욱 확산되었다. H.O.T, 젝스키스, S.E.S, 핑클이 등장하며 팬픽은 인기를 끌었다. 팬픽의 줄거리는 재미와 스타에 대한 동경, 그리고 스타의 사생활을 알고 싶은 기대감으로 채워졌다. 팬픽 전문 작가도 등장했는데, 신화, god 때부터다. 이런 현상은 2004년 동방신기부터 2005년 SS501, 슈퍼 주니어, 2006년 빅뱅, 2007년 원더걸스, 소녀시대, 2008년 2PM으로까지 이어지고 있다.

팬픽의 가장 큰 특징은 자신이 좋아하는 연예인을 대상으로 삼아, 팬들이 직접 상상력을 발휘해 쓴다는 점이다. 쓰는 주체는 물론 읽는 이도 대부분 십대 소녀다. 동방신기 팬픽 카페 'New 東方神技 Fanfic No.1'(뉴동픽)http://cafe.daum.net/dongpic를 접속하면, 팬픽이 어떻게 구분되어 있는지 자세히 알 수 있다.

팬픽이 실리는 뉴동픽팬픽션은 다각관계게시판, 유노윤호게시판, 영웅재중게시판, 믹키유천게시판, 시아준수게시판, 최강창민게시판, 19금소설게시판, 퓨전소설게시판, 이성소설게시판, 릴레소설게시판, 단편소설게시판으로 구분된다. 동방신기 멤버의 이름으로 된 카테고리가 다섯 개로 나뉘어 있는데, 이 게시판들은 동성애를 다루는 팬픽으로 분류되어 있다. 반면, 퓨전소설게시판과 이성소설게시판은 이성애를 다룬다. 릴레소설게시판과 단편소설게시판은 릴레이와 단편 팬픽 모음인데, 대체로 동성애를 다룬다.

그렇다면 왜 소녀들은 멤버 사이에 일어나는 동성애 팬픽에 열광하는 것일까? 'New 東方神技 Fanfic No.1'에서 활동하고 있는 한 소녀(17세)의 인터뷰는 그 이유를 잘 보여준다.[39]

> Q. 이성 팬픽이 감정이입 하기 좋지 않나요? 왜 동성 팬픽을 더 많이 읽어요?
> A. 오히려 이성[팬픽]이 동성[팬픽]보다 감정이입 하기 어려워요. 항상 이성 팬픽]에 나오는 여자들은 맹한 거처럼 나와도 사실 남자들한테 사랑받고 알고 보니 예쁘고. -_- 나랑은 너무 다르잖아요. 그래서 더 감정이입이 어려운 것 같아요. 그런데 동성은 일단 내가 좋아하는 가수끼리고. '공', '수' 아시죠? '수' 역할을 하는 사람이 남자보다는 여자로 느껴지거든요. 또, 이성[팬픽]은 뭔가 오빠들을 뺏기는 느낌도 들고. 그래서 동성[팬픽]을 더 많이 읽는 것 같아요.
>
> Q. 그러면 동성이라고 생각하지 않고 읽는다는 거예요?
> A. 음……, 그렇다기보다 그냥 제가 편한 대로 생각하는 편이에요.

---

39 위의 서면 인터뷰는 서울여대 방송영상학과 전공 학생인 은새샘(2008) 양의 리포트에서 인용되었다.

그냥 러브 씬 나오는 거는 오빠들이 그런다고 생각해도 안 불편한데, 약간 야한 장면 나오면 상상하기가 좀 그렇거든요. 제가 동성애자들을 지지하는 것도 아니고…….

위 인터뷰는 소녀들이 왜 동성애 팬픽에 몰입하는가를 명확하게 보여준다. 소녀의 대답이 전체 소녀의 생각을 대변하는 것은 아니지만, 적어도 어떻게 소녀들이 스타들의 동성애 팬픽을 받아들이는지에 대한 중요한 단서를 제공한다.

첫째, 이상적 타자로서 오빠들이 다른 여자와 사랑하는 것은 받아들이기 어렵다. 그녀가 오빠를 독차지하기 때문이기도 하고, 그녀는 나와 다른 그러나 나와 같은 소녀이기 때문이다. 나와 같은 소녀지만 외양에서 나와 다른 소녀가 오빠의 사랑을 받는 것을 받아들이기 어렵기 때문에 몰입하지 못한다고 볼 수 있다.

둘째, 동성애 팬픽에서 기본 형식으로 나오는 '공'과 '수'의 역할에 대한 이해다.[40] 이것은 소녀들이 동성애 팬픽을 동성애로 받아들이지 않는다는 것을 의미한다. '수' 역할을 하는 오빠를 남자가 아니라 여자로 받아들이고, '수' 역할에 자신을

---

[40] 공(攻)과 수(受)는 각각 일본어의 攻め와 受け라는 단어에서 유래했다. 이에 해당하는 영어 표현으로는 top/bottom 혹은 butch/femme이 있다. 통상 이야기의 애정 관계에서 적극적이고 주도적인 역할을 담당하며 남성성이 강한 쪽을 공이라고 하고, 반대로 다소 수동적이거나 반응적이며 섬세하여 여성성이 강조되는 캐릭터를 수라고 한다(송요셉, 2009).

투사하는 것이다. 말하자면 '수' 역할을 하는 오빠는 팬픽을 읽는 소녀가 된다고 볼 수 있다.

셋째, 사랑하는 오빠가 다른 오빠를 사랑하는 것 자체는 거부감이 없다. 그러나 야한 장면(특히 '19금소설게시판'의 경우)[41]이 나올 때는 상상하는 데 부담을 느낀다. 이들이 동성애 자체를 받아들이는 것은 아니기 때문이다.

송요셉(2009)은 팬픽을 네 가지 범주로 구분한다. 남성 동성애를 여성적 시각으로 보는 팬픽은 야오이, 남성 동성애를 남성적 시각에서 보는 팬픽은 장미, 여성 동성애를 남성적 시각으로 보는 팬픽은 레즈, 여성 동성애를 여성적 시각으로 보는 팬픽은 백합이라는 것이다.[42] 대부분 팬픽은 남성 동성애를 여

---

[41] '19금 소설게시판'의 글들에는 노골적인 성행위를 그대로 표현하는 내용이 적지 않다. 예를 들어, 동방신기 팬픽에서 보면 "무릎을 두 손으로 문지르다가, 그의 발 아래 바닥으로 무릎을 꿇고 앉았다. 그가 대강 내가 할 짓을 짐작한 듯 웃거볐다. 위에서 올려다보는…… 그의 얼굴은 실로 감격스러웠다. 세모난 콧구멍마저도 잘생겼어…… 나는 그의 페니스를 두 손으로 잡았다. 장난스럽게 터치하는 손길에도 그의 허벅지 근육이 팽팽하게 당겨진다. "이걸로……" 그가 내게 했던 것처럼, 그의 귀두 위로…… 난폭한 그의 남성향을 숭배하며, 소중하고 경건하게 입 맞추었다." 이와 같은 팬픽은 야설인데 소녀들이 보기에는 아무래도 부담스러울 수밖에 없다.

[42] '야오이는 일본어 야마나시(やまなし: 절정 없음), 오치나시(落ちなし: 완결 없음), 이미나시(意味なし: 의미 없음)의 첫 음절을 연결에 만든 조어다. 장미는 일본 게이 대상 잡지였던 《薔薇族》에서 나왔으며, 백합은 장미족 잡지 내에 '百合族코너'라는 독자투고란에 여성 성적 소수자들에 의한 투고가 이루어지면서 백합이라는 단어가 여성 간 동성애를 지칭하는 말로 자리잡았다(송요셉, 2009).

성적 시각에서 보는 야오이와 여성 동성애를 여성적 시각으로 읽는 백합이 주를 이룬다. 주요 독자층이 소녀이기 때문이다. 야오이가 이상적 타자인 오빠들을 내 안으로 끌고 와서 함께 인형처럼 가지고 노는 것이라면, 백합에서 보이는 여성 동성애는 가면 놀이에 가깝다. '공'이 남성적 특성을 보여주지만 그것은 일시적 외면이고, 여전히 내면에는 소녀성이 깔려있으며 (야오이와 달리) '공'과 '수'가 수시로 뒤바뀐다는 점에서 그러하다.

인형 놀이

야오이는 남성 스타들의 동성애를 다룬다. 그러나 야오이에서 다루는 동성애는 실제 동성애자의 삶과는 거리가 멀다. 남자 스타들을 동성애자로 그려내지만, 동성애 정체성을 지녔다고 전제하는 것도 아니고, 소수자의 성을 다루는 것도 아니기 때문이다. 오히려 일반 로맨스 소설의 이성애 관계에서 여성을 남성으로 바꾸어 놓은 것에 지나지 않는다.

 앞서 말했듯이 야오이에서 '공'과 '수'의 관계는 중요하다. 야오이 속의 공은 로맨스 소설의 남성 인물과 같고, 야오이 속의 수는 로맨스 소설의 여성 인물과 같다. 야오이 팬픽에서 묘사되는 수를 그 상태 그대로 여성으로 대체해도 이야기 전개에 아무런 문제가 발생하지 않는다.

 야오이 팬픽에 등장하는 인물들은 성별 월경**cross-gender**, 양성구유**androgyny** 환상을 추구한다. 어쩌면 이것은 소녀들이 성장하며 현실에서 느끼게 되는 젠더 구조의 불합리성에 대한 일종의 대안 모색일 수도 있다. 야오이 팬픽에 나오는 다양한 성적 모티브는 소녀들로 하여금 자유롭고 과감하게 남성의 영역을 탐험하게 해준다. 그중에서도 남자와 남자 사이의 애정관계를 설정하는 것은 성적인 영역에서 여성이 처하기 쉬운 위협이나 피해로부터 심리적인 자유를 확보해주는 구실을 한다. 이것은 야오이가 소녀들에게 주는 환상과 효용이다. 야오이 속의 남성들은 서로 사랑하기에 여성에 대한 성적인 침범의 위협이 없다. 또한, 여성이 개입되지 않는 가상의 세계이기 때문에 오히려 여성의 입장에서 이상적이라고 생각되는 사랑의 모습을 자유롭게 표현할 수 있다. 다시 말해, 야오이는 남성이라는 인형들을 여성의 손에 쥐여 주고, 자기 의지에 따라 자유롭게 그들의 세계를 조정하도록 허락한다는 의미다. 이를 반영하듯 야오이는 공과 수 사이의 성애적 관계에 대한 파격적이고 과감한 묘사로 유명하다.

동방신기 팬픽 중에서 많이 알려진 것으로 《천애윤락》, 《가시연》, 《여우의 요람》 시리즈가 있다. 다음은 《천애윤락》의 부분이다. 정윤호(나)가 김재중을 처음 본 순간의 장면과 키스, 성애 관련 장면을 묘사하고 있다.

> 모든 것이 정지하고 그 신비한 피사체만이 활동하고 있다. 인식한 모습은 조상처럼 남아서 시선을 돌려도 그 자리에 남아 있었다. 작

렬하는 태양빛을 본 것처럼 오랜 시간 남아 있었다. 그래서, 바라봤다. 처음은 거슬리듯 눈에 밟혀서, 두 번째는 잔영처럼 잊혀지지 않아서, 세 번째는…… 씨발, 잘생긴 게 아니라 더럽게 예뻐서.

잔뜩 젖어서 미역 같은 머리로, 옥돌 같은 피부로 내 앞에 서 있다. 뚝. 뚝. 김재중의 머리카락에서 물이 떨어졌다. 그 사이로 새까만 눈동자가 보인다. 그 안에 내가 자리한다. 곧 빠알간 혀가 입 밖으로 나왔다. 손톱만한 혀가 빼꼼이 고개를 내밀고, 입술의 연한 점막을 덮는다. 이성이 끊어지는 소리가 아마 그때 즈음 들린 것 같았다……. 녀석의 허리를 휘어 감고 뒷목을 끌어당겨 입을 맞추는 것은 순간이었다. 빨간 푸딩 같다고 했었나. 아니 그보다 더 말랑말랑하고 달았다.

재중이를 모로 눕히고 그 늘씬한 허리와 골반 사이를 붙잡았다. 살살 할게, 내뱉은 말처럼 미약하게 움직였다. 울음이 가라앉는다. 숨이 조금씩 조용해졌다. 슬쩍 내려다보니 참을만한 얼굴이다. 눈을 감고 입술을 물고 코로 숨을 쉰다. 새근새근, 몸으로 스며드는 자장가에 축 늘어져 조금씩 달아오르고 있었다……. 조금씩 빨라진다. 한번 씩 들어갈 때마다 유연해지며 움직임을 돕는다. 좋은가 보다. 손을 옮겨 페니스를 쥐어주자 허리를 비틀어 엎드려 버린다. 나는 무릎을 굽혀 상채를 일으켰다.

야오이 팬픽 중에서 수위가 높은 것은 야설과 별다른 차이가 없다. 성행위 묘사가 노골적이고 세세하게 그려진다.
야오이 팬픽은 대체로 일인칭 시점이다. 소녀들이 야오이

그림 4-9 동방신기 팬픽 '가시연'(좌)과 소녀시대 팬픽 'Hissing'(우)

팬픽을 읽으면서 몰입할 수 있는 것은 일인칭 작가 시점이라는 것이다. 소녀들은 일인칭 시점인 유노윤호의 시각에서 영웅재중을 읽는다. 《천애윤락》의 경우, 소녀들은 '공'의 시각을 취하며, 영웅재중은 그녀들에게 '수'가 된다. 소녀들은 유노윤호의 시점에서 마음대로 영웅재중과 함께 즐기고 환상에 빠진다. 반면, '수'의 시점에서 쓰인 팬픽의 경우에는 '공'의 시점에 있는 아이돌 스타에 의해서 소녀들은 여성의 위치에 놓이게 된다. 이 경우 '공'의 적극적인 사랑과 구애를 받는 것은 '수'의 입장에 서 있는 소녀가 된다.

야오이에서 한번 설정된 공과 수의 관계는 거의 그대로 유지된다는 특징이 있다. 구별된 공과 수는 모두 남성임에도 불구하고 서로 성 역할을 바꾸는 일이 거의 없다. 성적인 영역 이외의 부분에서도 남성적, 혹은 여성적 특성이라는 자신만의 영역을 침범하거나 침범당하는 일 또한 거의 발생하지 않는다. 성적인 묘사는 대체로 둘 사이의 관계나 분위기에 맞춰지는 경우가 많다.

예컨대 서로 관계가 원만하지 않고 상대를 믿을 수 없는 상황에서는 수에 대한 공의 공격성이 두드러져서 성적인 관계도 강간 등 극단적인 형태로 나타난다. 반면 서로에 대한 신뢰가 두터운 상태에서는 정서적으로 평화롭고 로맨틱한 분위기의 성 관계가 묘사된다. 많은 야오이 팬픽에서 공과 수는 잘 보이지 않는 감정들을 육체적 접촉을 통해 실현하고, 이를 통해 둘 사이는 뗄 수 없는 운명적인 관계로 변화해간다.

가면 놀이

백합은 여성 동성애를 다룬다. 백합은 야오이와 다르게 노골적인 성 묘사는 적은 편이다. 성적인 부분은 절제되어 있으며 소녀들 사이에 나타나는 감정의 흐름을 추적한다. 풋풋함, 부끄러움 등 소녀적인 취향이 부각되면서 플라토닉한 분위기를 유지하는 경향이 있다. 소녀들이 사랑에 대해서 느끼는 감정, 신비로움 등은 백합에서 잘 표현되는데, 이야기의 전개나 구성에 있어서 백합이 야오이보다 세련된 편이다. 소녀시대 팬픽의 전설로 불리는 팬픽작가 노블 Noble의 대표적인 팬픽 《Hissing》

은 이런 경향을 잘 보여준다.

현재의 김쾌연이 아니라 과거의 김태연. 유리가 알고 있는 과거의 김태연은 벽에 부딪혀서 멈추어버렸다. 더 이상 앞으로 나아가지를 않는다. 그 대신 지금처럼 확 변해버린 현재의 김태연이 다른 길을 걸어가고 있다. 태연은 그런 현재의 김태연을 있게 한 그 벽, 그러니까 과거의 김태연을 멈추게 해버렸던 그 벽의 이름은 놀랍게도 사랑이라고 했다. 사랑. 그것도 한 여자에 대한, 사랑.

오랜 친구 사이면서도 사랑에 대한 생각은 극과 극이다. 그 때문에 자주 다툰 적이 있을 정도. 미영이 사랑예찬론자라면, 수연은 비관론자에 가까웠다. 아니, 좀 더 정확히 말하자면 사랑이라는 감정의 존재 자체에 대해 부정한다. 그건 사랑이 아니라 단지 집착과 욕심일 뿐이고, 그걸 그럴듯하게 사람들이 사랑이라는 이름으로 예쁘게 포장한 것뿐이라는 게 수연의 생각이었다. 물론 그런 생각까지는 미영에게 말하지는 않았다. 그렇게 되면 분명 눈을 부릅뜨고 화를 낼지도 모른다. 미영의 말에 따르면 지금 미영은 사랑을 하고 있는 거니까.

대체로 백합은 삼인칭 시점에서 전개된다. 대개 일인칭 시점인 야오이가 소녀들의 몰입을 유도한다면, 백합은 몰입이라기보다 둘 사이, 혹은 셋 사이 여성 동성애를 관찰자의 시점에서 바라본다. 소녀들이 읽기에 백합은 야오이보다 '거리'를 유지하기 쉽다. 그 거리를 메워주는 것은 소녀들의 복잡 미묘한 감수성이다. 소녀의 감수성은 미성숙한 여성 혹은 소녀 동년배

사이에서 나타날 수 있는 다양한 관계 속에서 형상화된다. 이런 측면에서 야오이가 성적 환상을 주로 부추기는 반면, 백합은 일상 속에서 소녀들이 느끼는 사랑, 우정, 감성이 주요한 기제로 활용된다.

야오이와 마찬가지로 백합도 등장인물의 성격을 '공'과 '수'로 구별한다. 백합 속의 '공'은 여성이면서 남성성의 일면을 체현하며, 여성의 입장에서 남성성을 간접적으로 경험해 볼 수 있는 대상이 된다. 그러나 백합에서는 야오이보다 '공'과 '수'의 속성 및 관계 변화가 상대적으로 빈번하다. 이런 관계 변화, 혹은 리버스reverse는 백합에서 비교적 중요하게 다루어진다. 리버스란 처음에는 '공'이었던 등장인물이 '수'로 변화하고, 처음에 '수'였던 등장인물이 '공'으로 변하는 것을 말한다.

백합에서 '공'은 타인으로부터 이루어지는 자기 긍정을 추구하며, 그것에 대해서 열려 있는 존재로 묘사된다. 이것은 관계 지향성의 한 측면이며 소녀 감수성에 부합하는 것이다. 백합의 '공'은 겉으로는 남성적 특성을 보여주지만, 그것은 일시적인 외면일 뿐이고 내면에는 여전히 소녀 혹은 여성의 핵심을 간직한다. '공'이 시간의 흐름에 따라서 '수'의 속성을 부여받는 것은 이러한 여성적 감성을 발견하고 긍정하는 과정이라고 할 수 있다. 또한 '수'가 공의 속성을 부여받는 것은 여성의 입장에서 남성성을 탐험하기 위한 장치를 마련한 것으로 짐작할 수 있다.

다시 말해, 백합에서 체현되는 남성성은 여성의 입장에서 손쉽게 쓰고 벗을 수 있는 가면과도 같은 것이다. 여성성으로 돌아오게 하는 일시적인 놀이인 셈이다.

5 역사적 상상력 코드

역사적 상상력의 코드는 대중문화 영역에서 주목할 만한 특징 중 하나다. 소설, 영화, 텔레비전 드라마 등에서 다양한 작품들이 역사적 사실과 허구 사이의 경계선을 무너뜨리면서 대중적으로 인기를 얻고 있다.

세계적인 베스트셀러로 국내에서만 200만 부 이상 팔린 《다빈치 코드》는 예수의 아내가 마리아 막달레나였다는 파격적인 이야기를 〈최후의 만찬〉을 통해서 풀어간다. 시인 롱펠로와 같은 실존 인물들이 단테 클럽과 관련된 살인 사건을 추적하는 《단테 클럽》, 도시의 부랑자로 마르크스가 등장하는 《자본론 범죄》에 이르기까지 사실史實과 허구의 치밀한 구성을 통한 역사 추리소설이 대중소설 판도를 바꾸고 있다.

한국 영화에도 이러한 경향이 보인다. 실미도 684부대를 통해서 은폐된 현대사를 보여주는 〈실미도〉(2003)나 10·26 사건을 블랙 코미디로 다룬 〈그때 그 사람들〉(2004), 〈황산벌〉(2003), 〈천군〉(2005), 〈왕의 남자〉(2005), 〈음란서생〉(2006), 〈쌍화점〉(2008), 〈불꽃처럼 나비처럼〉(2009) 등은 역사와 역사적 권위를 비틀거나 해체하며 역사를 읽어낸다.

역사학자 카Edward Hallett Carr는 '과거에 대한 사실'a fact about the past 자체가 '역사의 사실'a fact of history이 되는 것은 아니라고 말했다. 역사적 사실은 역사가가 현재의 관점과 문제의식에 따라 '과거에 대한 사실들' 중에서 의미가 있다고 여겨지는 것들을 취사선택하여 일정한 질서로 배열함으로써 성립되는 담론 체계의 결과물이라는 것이다. 이 같은 시각은 역사적 허구물을 생산하는 작가에게서도 엿볼 수 있다. 작가는 '과거에 대한 사실들' 중에서 의미가 있다고 판단되는 것을 선택하여 역사적 상상력의 코드로 형상화한다.

대중문화에서 역사적 특수성을 강조하는 작가의 시각은 역사적 보편성을 주장하는 역사학자의 시각보다 우위를 점한다. 일반 대중도 역사적 과정이나 진실의 문제보다 역사적 특수성과 재미에 더 관심을 둔다. 역사를 다룬 드라마, 영화, 소설들은 역사적 사실은 실재하지 않고 단지 텍스트로서만 존재한다고 말하는 듯하다. 작가들은 세상에 역사적 진실은 존재하지 않으며, 단지 진실에 대한 해석만 있을 뿐이라고 말하는지도 모른다. 역사적 상상력이 우위를 점하는 시대에는 '역사'영화나 '역사'드라마는 사라지고, 역사 '영화'와 역사 '드라마'가 지배한다.

우리 앞에 놓인 역사는, 역사가 쓰인 당대의 권위와 권력에 의해 선택된 것이다. 역사를 다루는 수많은 대중문화 산물을 보면서 독자, 관객, 시청자들이 흥미를 느끼는 것은 역사적 상상력이 만들어내는 허구적 재미가 탁월해서이기도 하지만, 다른 한편으로 역사적 권위에 대한 부정이 주는 즐거움에서 비롯된 것이기도 하다. 당연한 것으로 여기는 역사적 권위와 제도에 대한 해체가 게릴라 정신이라면, 그 해체된 역사를 통하여 개인적 진실을 읽어내는 즐거움은 놀이로서의 즐거움이라고 말할 수 있다.

01 상상의 역사

역사는 기억과 망각의 과정 속에서 형성된다. 역사는 과거의 사건에 대한 현재적 진술이기 때문이다. 과거를 현재적으로 진술하는 행위는 언제나 특정 과거에 대한 기억과 망각을 포함한다. 과거의 일부를 기억하면서 나머지를 망각하고, 현재에는 과거의 일부를 다시 현재적으로 기억해낸다. 그러므로 역사는 현재와 미래의 삶을 담보로 한 '기억하기'와 현재와 미래를 담보하지 않는 것에 대한 '망각하기'의 과정이다.

역사에 대한 의례들은 '기억하기'의 한 방식이다. 3·1절,

현충일, 광복절 등은 모두 공유된 역사의 기억을 통하여 민족(국가)에 대한 일체성과 집단 정체성을 부여한다. 공유된 역사의 기억들이 만들어내는 의례를 통하여 민족의 운명을 기억해내고, 그 운명에 대한 일체성을 보증한다. 이것은 과거에 대한 기록, 역사 서술도 마찬가지다. 게다가 과거의 사건에 대한 허구적 담론들 – 역사드라마, 역사영화, 역사소설 등 – 도 선택적 기억을 통하여 집단 정체성을 표현한다. 과거의 사건은 사건 자체로 실재했다는 점에서 사실fact이지만, 과거에 대한 현재적 진술은 사실에 대한 현재적 선택과 상상의 집합이라는 점에서 담론discourse이다.

역사에 대한 기억하기 혹은 망각하기는 역사학을 통해서라기보다 대중적 역사 서사물을 통해 이루어진다. 대중은 역사책으로부터 역사를 읽기보다는 역사 서사물을 통해 역사를 즐긴다. 최근 역사 '영화'들은 주류가 아닌 비주류의 삶을 재조명한다. 비주류는 공식적인 역사에 기록되지 않기 때문에 상상의 역사로 채워진다.

'거시기'로서의 역사

상상의 역사를 재현하는 장치 중의 하나는 중심의 역사가 아니라 주변의 역사, 주류의 역사가 아니라 비주류의 역사를 그려내는 것이다. 우리가 그동안 역사책에서 익히 봐온 인물들을 해체하고 재구성하거나, 역사책에서 볼 수 없었던 인물들을 전면에 내세움으로써 역사를 새롭게 기술하는 것이다.

김기봉(2006)은 〈황산벌〉을 분석하면서 이런 경향을 '거시기로서의 역사'라고 흥미롭게 진술한다. 〈황산벌〉에서 '거시기'는 다층적 의미를 지니는 핵심 코드다. 궁지에 몰린 의자왕은 계백에게 "네가 거시기 해야것다"라

그림 5-1 〈황산벌〉은 민족의 역사를 해체하고, 민족의 역사 밖에 놓여있는 '거시기'에 주목한다.

고 말한다. "거시기할 때까지 갑옷을 거시기해야 한다"는 백제의 전략은 해독 불가능한 암호가 된다. 마찬가지로 과거는 현재의 우리에게 해독 불가능한 '거시기'다. 〈황산벌〉의 거시기는 중심이 아니라 주변에 머물러있는 병사들이기도 하다. 거시기가 주는 다층적인 의미들에서 중요한 것은 (역사책에서 강조되는) 민족의 역사에 대한 해체다.

〈황산벌〉은 역사를 뒤엎는 흥미로운 대사로 가득 차 있다. 이것들은 그동안 역사책에서 배운 것이 아니다. 〈황산벌〉은 역사적 권위에 대한 풍자, 거대한 민족 담론을 무너뜨리는 야유, 정사正史보다 개연성이 높을 것 같은 인간적 진실을 담고 있다.

〈황산벌〉의 대사에는 다음과 같은 것들이 있다.

"전쟁은 원래 정통성 없는 놈들이 정통성을 가지려고 하는 게야!" (연개소문)
"붕우유신, 임전무퇴, 화랑도, 세속오계 다 개소리데이. 오늘부턴, 화랑 하면 관창, 관창 하면 화랑인 기라."(김품일)
"아부지, 이거 진짜 개죽음 아니지예?"(관창)
"자식 죽으라고 등 떠밀어 내보낸 니가 안 미칫나? 지 가족 다 죽이고 나온 계백이는 안 미칫나? 다들 미친 기야. 미치야 하는 기야. 전쟁은 미친놈들 짓인 기야."(김유신)
"씨만 뿌려 놓고 싸움질만 하러 싸다닌 니가, 인제 와서 금싸래기 같은 내 새끼들을 죽이겠다고? 호랭이는 죽어서 가죽을 남기고, 사람은 죽어서 이름을 남긴다고? 아가리는 삐뚤어졌어도 말은 똑바로 씨부려야제. 호랭이는 가죽 땜시 뒤지고, 사람은 이름 땜시 뒤지는 거여! 이, 인간아."(계백의 아내)

연개소문, 김유신, 계백 등은 역사책에 의하면 영웅이다. 그러나 영화 속에서 보이는 그들의 대사는 결코 영웅의 언어가 아니다. "전쟁은 원래 정통성 없는 놈들이 정통성을 가지려고 하는 것"이라는 연개소문의 진술을 따르면 결국 전쟁의 명분이란 현실을 은폐하기 위한 허위에 불과하다. 김유신은 삼국통일을 이룬 영웅이지만, 미쳐서 전쟁하고 있을 뿐이다. 계백의 행동은 더욱 허무하고 이중적이다. 자신의 처자를 죽이고 전쟁에 나온 계백은 홀어머니를 두고 전쟁에 나온 한 병사(그의 이름은 거시기다)에게 집으로 돌아가 어머니와 함께 나락을 베며 살라고 명한다. 호랑이가 죽어서 가죽을 남기는 것처럼, 계백은 죽어서 그 병사를 남기겠다는 것이다. 처자를 죽이면서까지 이름을 남기겠다는 계백의 의지는 허무하게 끝나고 만다. 자신의 이름을 남기는 것보다 무엇이 소중한 것인지 깨닫게 되기 때문이다.

관창은 정말 신라를 위해 스스로 목숨을 걸고 백제군 앞으로 뛰어들었던 것일까? 계백의 아내가 남편의 말을 순순히 받아들여 자신과 아이들의 목숨을 맡겼다는 게 사실일까? 영화 〈황산벌〉과 역사책 내용 중에 어느 쪽이 더 진실에 가까울까? 죽기 싫은데도, 아버지 품일의 강요로 어쩔 수 없이 죽으러 간다는 관창의 절규, 해준 것이 뭐가 있느냐며 남편에게 대들던 계백의 아내가 더 인간적이고, 개연성이 높아 보이지 않을까?

〈왕의 남자〉가 보여주는 것도 따지고 보면 '거시기'의 역사다. 〈왕의 남자〉에서 가장 중요한 인물인 광대 공길은 당시 조선 사회에서 보면 거시기에 불과한 인물이다. 장생의 경우도 마찬가지다. 연산은 비록 왕이지만, 미치광이 폭군이자 폐위된 거시기 같은 왕일 뿐이다. 더욱이 이들의 관계를 연결하는 동성애 코드 역시 배제되어야 할 거시기다. 거시기의 역사란 중심이 되지 못한 주변, 권력으로부터 소외되어 잊힌 민중 등 비주류의 세계를 의미한다. 〈실미도〉의 주인공들인 684부대 대원들 역시 분단과 이데올로기 역사에서 희생된 거시기들이었고, 〈그때 그 사람들〉에서의 주 과장 역시 권력투쟁의 주변부에 있던 사람이었다.

텔레비전 역사드라마 〈선덕여왕〉(2009)에서의 미실과 비담이나, 〈대장금〉에 나오는 장금, 그리고 〈추노〉에 등장하는 추노꾼들 모두 역사의 변두리에서 살았던 거시기들이었다. 거시기는 무인칭의 삶을 살아가고 역사의 주변에서 소리 없이 사라지는 사람들이지만, 사실상 역사를 구성하는 주체들이다. 주변인이나 무인칭이었던 이들이 역사 '영화'와 역사 '드라마'에서 새로운 주인공으로 떠오른 것이다.[43]

상상적 역사 서술

대중적 역사 서사물의 중심에 역사드라마가 위치한다. 2000년 전후부터 한국 텔레비전에서 역사드라마의 위치는 다른 드라마 장르들보다 확고해지고 있다.

역사드라마가 한국 드라마에서 전통적으로 인기 있는 장르는 아니었다. 1990년대 이전에 〈장희빈〉(1971), 〈집념〉(1975), 〈개국〉(1983), 〈토지〉(1987~1989) 등이 개별적으로 인기를 끈 적

---

[43] 물론 역사영화나 역사드라마에서 주인공이 꼭 주변인인 것은 아니다. 여전히 역사영화나 역사드라마에서 주인공은 역사책 속에 나오는 영웅들이다. 그러나 대중문화에서 '위로부터'가 아니라 '아래로부터' 새로운 인물들이 부상하고 있다는 점은 주목할 만한 필요가 있다.

이 있었지만, 지난 10년 동안처럼 폭발적인 관심을 끌지는 못했다.

2000년 이후 역사드라마는 〈허준〉(1999~2000), 〈태조 왕건〉(2000~2002), 〈여인천하〉(2001~2002), 〈다모〉(2003), 〈대장금〉(2003~2004), 〈해신〉(2004~2005), 〈불멸의 이순신〉(2004~2005), 〈주몽〉(2006), 〈연개소문〉(2006), 〈대조영〉(2006~2007), 〈태왕사신기〉(2007), 〈바람의 나라〉(2008~2009), 〈자명고〉(2009), 〈선덕여왕〉(2009), 〈추노〉(2010), 〈제중원〉(2010), 〈동이〉(2010) 등으로 이어지고 있다. 역사드라마의 인기는 다른 장르 드라마의 인기를 압도하고 있다.[44]

역사드라마는 2000년 전후로 급부상했는데, 이것은 역사적인 사실보다는 역사적 개연성과 허구성의 외연을 넓힘으로써 대중성을 확보했다고 봐야할 것이다. 역사드라마는 다양한 스펙터클 spectacle을 제공하고, 다른 장르로부터 재미를 유발하는 장치를 도입하는 등 이야기 전개와 연출의 새로움 등으로 시청자의 관심을 끌었다.

2000년 전후 역사드라마의 특징적인 현상 중의 하나는 '상상적 역사 서술'imaginative historiography에 있다.[45] 상상적 역사

---

[44] 역사드라마가 인기를 끌기 시작했던 2000년에서 2005년 사이의 전체 드라마 평균 시청률은 14.7 퍼센트였지만, 역사드라마 평균 시청률은 21.2퍼센트였다. 역사드라마는 멜로드라마, 로맨틱 드라마 등에 비해서 평균 6.5퍼센트의 시청률이 높았다.

서술은 역사적 재료보다 작가의 허구적 상상력이 지배하는 것으로 역사드라마에 등장하는 대다수 인물의 경우, 대체로 정사에는 간략하게 기술되어 있기 때문에 작가적 상상력이 역사드라마의 이야기 전개에서 중요한 역할을 담당한다. 여기서 말하는 '상상적'이란 것은 완전히 '허구적'fictive인 것을 의미하지 않는다. 주요 등장인물은 실존 인물이고 주요 사건들은 역사 기록을 따르지만 대부분 인물 관계와 인물 설정, 그리고 주변 사건들은 기록에 의한 것이 아니라 작가적 상상력에 의존한다.

1964년에 낙랑공주와 호동왕자를 극화한 〈국토만리〉가 방영된 이후 우리 역사드라마는 역사를 기술하는 데 있어서 다양하게 변화해왔다. 1960년대 초기 역사드라마가 전설과 설화를 다룬 허구적 역사물이었던 데 반해, 1970년대 특징적인 역사 서술은 지배 이데올로기로서의 민족이념의 제시와 가부장제로 고통받는 여인들을 그려내는 것이었다. 흔히 '민족사관정립극'으로 불린 역사드라마 〈세종대왕〉, 〈강감찬〉, 〈황희 정승〉, 〈예성강〉 등은 정부의 역사드라마 지침과 국민 교육 매체

---

45 역사드라마의 역사 서술에 관련하여 네 가지 방식을 생각할 수 있다. i) 기록적 서술방식, ii) 개연적 서술방식, iii) 상상적 서술방식, iv) 허구적 서술방식. 기록적 서술방식은 정사에 충실한 것이고, 개연적 서술방식은 역사적 자료를 일차적으로 활용하지만 작가의 상상력이 개입하는 것, 상상적 서술방식은 주요 인물이나 주요 사건을 제외하면 거의 대부분 작가의 상상력에 의존하는 것, 허구적 서술방식은 실제 역사적 사건과 관계없는 이야기의 구성을 의미한다.

화 방침에 따라서 제작되었다.

　민족사관정립극은 박정희 정부의 민족 이데올로기를 그대로 반영한 것으로, 민족의식 고취를 위한 교양 교육으로서 특정 인물을 정치적 목적에 맞게 표현했다. 민족사관정립극은 시청자의 관심을 끌지 못했는데, 이데올로기 교육으로서의 역사드라마에 시청자들이 흥미를 느끼지 못했기 때문이다. 그리고 여인들의 수난사를 다룬 드라마들은 역사드라마라기보다 멜로드라마에 가까웠다.

　1980년대는 특정 인물보다는 역사적 맥락 중심의 역사드라마가 지배적이었다. 〈개국〉(1983)이나 〈조선왕조 500년 시리즈〉(1983~1990) 등이 대표적이다. 이들 역사드라마는 야사보다는 정사에 입각한 '기록적 서술방식'을 취했다. 이들은 왕조실록이나 승정원일기 등 공인된 역사 기록이나 역사학자들의 논문 등을 토대로 어느 정도 역사적 고증에 충실했다. 〈조선왕조 500년 시리즈〉는 〈추동궁 마마〉, 〈뿌리 깊은 나무〉, 〈雪中梅〉, 〈風蘭〉, 〈壬辰倭亂〉, 〈回天門〉, 〈南漢山城〉, 〈仁顯王后〉, 〈閑中錄〉, 〈破門〉, 〈大院君〉에 이르기까지 8년 동안 방영되었다.

　1990년대 후반 이후의 역사드라마는 '기록적 서술방식'에서 벗어나 '개연적 서술방식'과 '상상적 서술방식'으로 역사를 그려내기 시작했다. 개연적 서술방식의 역사드라마는 주로 KBS에서 제작·방영되었는데, 주말에 편성되었다. 〈용의 눈물〉(1996~1998), 〈바람의 생애〉(1998), 〈태조 왕건〉, 〈제국의 아침〉(2002~2003), 〈불멸의 이순신〉 등이 대표적이다. 이와 같은 역사드라마는 1990년대 중후반 이후의 특징이라기보다 과거에도 꾸준히 있었던 역사 서술방식이었다.

2000년 이후에는 역사적 상상력을 극대화하는 역사드라마가 확대되었다. 상상적 역사 서술 드라마로는 〈허준〉, 〈대장금〉, 〈상도〉(2001~2002), 〈여인천하〉, 〈해신〉, 〈서동요〉(2005~2006), 〈신돈〉(2005~2006), 〈주몽〉, 〈연개소문〉, 〈대조영〉, 〈바람의 나라〉, 〈선덕여왕〉, 〈동이〉 등이 있다.

상상적 역사서술 드라마는 중핵[46]이나 주요 인물만 실존할 뿐 주변 인물이나 인물의 성격과 행위 등은 모두 작가적 상상력으로 채워진다. 허준, 정난정, 대장금, 미실 등에 대한 정사의 기록은 제한적이거나 거의 없기 때문에 역사적 맥락에 대한 기본적 이해를 바탕으로 작가가 역사드라마를 구성할 수밖에 없다. 더욱이 고려시대 이전의 사료는 매우 제한적이어서 이때 작가의 상상력은 역사 재현 방식에서 중요하다.

과거 역사드라마는 대부분 조선시대를 배경으로 한 것이었다. 그러나 최근 들어서는 역사드라마 속 배경이 조선시대를 벗어나, 고려시대에서 삼한시대로까지 확산되고 있다. 이들 역사드라마로는 서동과 선화공주의 설화를 바탕으로 하는 〈서동요〉

---

[46] 중핵은 이야기에서 중요한 사건을 의미한다. 반면 주변적 사건들은 위성이라고 한다.

그림 5-2 〈선덕여왕〉은 상상적 역사 서술방식을 보여준다. 〈선덕여왕〉에서 매력적인 인물은 미실과 비담이다. 미실과 비담이 실존 인물이라고 하더라도 이들을 둘러싼 모든 이야기는 작가의 상상력을 통해서 서술되었다.

와 고구려 개국 초기를 배경으로 삼는 〈주몽〉, 고구려 말기를 다룬 〈연개소문〉, 고구려 말기와 멸망 이후를 그려낸 〈대조영〉, 광개토대왕을 그려낸 〈태왕사신기〉, 고구려 3대 대무신왕大武神王을 다룬 〈바람의 나라〉, 〈선덕여왕〉 등을 들 수 있다.

2009년 최고 43퍼센트의 시청률을 기록한 〈선덕여왕〉은 상상의 역사로 등장인물을 흥미롭게 그려낸다. 〈선덕여왕〉에서 매력적으로 그린 상상적 역사로서의 인물은 미실과 비담이다. 미실은 《삼국사기》나 《삼국유사》에는 등장하지 않지만, 필사본 《화랑세기》에 나오는 인물로 실존 인물인지 아닌지는 여전히 불분명하다.

미실이 대중적으로 알려진 것은 김별아의 장편소설 《미실》(2005)이후라고 볼 수 있다. 그전에도 연극에서 미실이 등장한 바 있고, 국문학계에서 《화랑세기》의 진위를 둘러싼 논쟁이 벌어지면서 서서히 알려져 왔다. 그러나 미실이 새로운 역사적 인물로 부상한 것은 〈선덕여왕〉을 통해서다. 미실은 여인으로서의 매력, 권력, 카리스마와 지혜를 겸비한 인물로, 팜므파탈의 매력적인 여성으로 묘사됐다. 미실과 진지왕 사이의 사생아로 신분을 감춘 채 숨어 사는 비담 역시 권력욕과 순수한 사랑을 보여주는 인물로 그려졌다. 이 밖에도 덕만 공주와 천명 공주가 쌍둥이였다는 설정 역시 작가의 역사적 상상력으로 만들어졌다. 〈선덕여왕〉은 정사에 알려진 실존 인물 몇 명을 제외하면 대부분 작가의 상상력으로 형상화한 인물들로 구성된 역사드라마다.

이렇다 보니, 역사드라마를 놓고 작가와 역사학자 사이의 갈등이 존재하지 않을 수 없다. 작가는 역사적 사실을 배경으로 세계를 재구성하며 역사적 특수성에 주목하고 인간 본질의 감성을 재해석한다. 역사적 허구물은 작가의 역사적 상상력을 통해 형상화되는데, 역사적 사실보다 작가적 해석과 상상력이 우위를 차지한다.

양승국(2007)은 대중예술이 역사를 소환하고 재현하는 몇 가지 방식으로 i) 사료史料, 떠다니는 기표들을 통한 재구성,

ii) 사건, 공존 가능한 계열들의 재구성, iii) 역사학자가 선별해 놓은 사건 중에서 공존 가능한 시간과 공간의 재구성을 지적한다. 작가는 역사적 재현이 불가능하다는 전제하에서 역사학자가 선별해 놓은 사건·시간·공간 들을 선택적으로 꾸며낼 수밖에 없다는 것이다.

반면 역사학자들은 역사적 보편성에 주목해야 함을 지적한다. 역사적 허구물이라고 하더라도 '과정으로서의 역사'를 다룰 때, 올바른 역사 인식을 시청자에게 보여줄 수 있다는 것이다. 역사적 허구물을 놓고 바라보는 두 가지 입장, 즉 작가의 상상력이라는 특수성과 과정으로서의 역사라는 보편성 사이의 갈등이 쉽게 해결될 것 같지는 않다. 그러나 최근 드라마에서 보이는 역사 서술 혹은 재현 방식의 경향을 보면, 역사적 특수성을 강조하는 시각이 역사적 보편성보다 우위를 점한 것으로 보인다.

스펙터클의 역사

상상의 역사를 재현하는 장치 중의 하나는 스펙터클을 확장하는 것이다. 역사의 배경이 되는 공간은 화려한 볼거리를 제공하고, 공간뿐만 아니라 전투 장면, 무대장치, 의상, 과거 생활양식 등은 역사드라마의 극적 재미를 배가시킨다.

초기 역사드라마에서 스펙터클과 역사적 공간을 재현하는 것은 제작상의 이유로 한계가 있었다. 스튜디오가 협소하여 무대장치를 제대로 활용하기 어려운데다 카메라와 녹화 장비의 신속한 이동이 어려웠고, 가발, 의상, 장신구, 세트 등을 준비하는 데 드는 비용도 만만치 않았기 때문이다.

　1973년 한국민속촌이 개장하고 1976년 KBS가 여의도 방송센터로 이주하면서 스튜디오 제작은 이전보다 수월해졌다. 1981년 컬러텔레비전 등장 이후 탈스튜디오 제작은 확대되었다. 역사드라마는 한국민속촌과 고궁을 중심으로 제작되었는데, 일반 서민이나 양반 등의 모습은 한국민속촌에서, 궁궐 외부는 고궁에서 촬영했다(이병훈, 1997). 이 밖에도 1985년 〈조선왕조 500년〉, 〈임진왜란〉에서는 대규모 전쟁 장면과 해전海戰의 미니어처 특수 촬영으로 스펙터클을 담아내기도 했다. 이렇게 1990년대 이전 역사드라마에서 볼 수 있는 스펙터클은 제한된 영역에서 이루어졌다.

　1990년대 중반 〈용의 눈물〉에서 처음으로 대형 오픈세트가 마련되고 나서, 역사드라마는 새로운 스펙터클을 제공하며 대중성을 높여나갔고, 미학적 변화의 국면을 맞게 됐다. 특히 〈태조 왕건〉 이후 역사드라마 제작에 앞서 화려한 오픈세트 제작은 필수조건이 되었다. 총 제작비 500억 원이 투자된 〈태조 왕건〉의 경우, 지방자치단체의 관광 유치 목적과 맞물리면서 오픈세트의 제작비만 56억 3천만 원이 투입되기도 했다.

　〈태조 왕건〉은 문경, 제천, 안동 세 곳에, 주인공 왕건과 궁예, 견훤이 각각 활동했던 무대인 송학, 철원, 완산주 시대의

그림 5-3 〈태조 왕건〉 이후 역사 공간을 재현한 오픈세트 제작은 필수조건이 되었다. 역사 공간을 재현한 세트는 작가의 상상력을 발휘할 수 있는 공간을 넓혀주며, 시청자에게는 역사적 사실감을 높여준다.

황궁을 재현해냈다. 〈허준〉은 허준이 유의태의 제자로 들어가 의술을 익혔던 산음 마을을 의정부 세트장에 마련했다. 역사 공간의 재현으로서만이 아니라, 생활사나 의상의 고증을 통해서도 현실감 있는 스펙터클이 제공되었다. 〈대장금〉은 궁중 요리나 궁중 여인네들의 생활사를, 〈명성황후〉는 조선 후기 궁중 의상과 궁중 생활사를 세밀하게 묘사함으로써 사실성과 극적 상상력을 높였다. 〈태왕사신기〉는 130억 원을 투자하여 제주도에 대형 역사 공간 세트를 만들기도 했다.

역사드라마에서 화려한 전투 장면은 빼놓을 수 없는 스펙터클의 재미를 선사한다. 〈태조 왕건〉이 궁예의 철원성 공격이라는 화려한 볼거리를 제공한 후부터 적지 않은 역사드라마들

표 5-1 역사드라마 오픈세트 투자비 (단위: 억 원)

제목	방송사	방영기간	지원 지자체	투입비용		
				지자체	세트제작비	총제작비
서동요	SBS	2005.9~2006.3	충남 부여	60	75	180+
서동요	SBS	2005.9~2006.3	충남 부여	12	30	180+
신돈	MBC	2005.9~2006.5	경기 용인	49.8	99.6	170+
불멸의 이순신	KBS	2004.9~2005.9	전북 부안	50	100	350
해신	KBS	2004.11~2005.5	전남 완도	50	80	180
토지	SBS	2004.11~2005.5	강원 횡성	36	66	170
토지	SBS	2004.11~2005.5	경남 하동	19	70	170
상도	MBC	2001.10~2002.4	충북 충주	5	-	-
상도	MBC	2001.10~2002.4	경북 상주	2	-	-
상도	MBC	2001.10~2002.4	충남 금산	1.5	-	-
태조 왕건	KBS	2000.4~2002.2	경북 문경	4.3	59	500
태조 왕건	KBS	2000.4~2002.2	경북 안동	40	33.5	500
태조 왕건	KBS	2000.4~2002.2	충북 제천	12	40	500
대망	SBS	2002.10~2003.1	충북 제천	20	20	50

자료 : 미술인협회보(제6호 2006년 9월 4일) 재구성

이 박진감 넘치는 전투 장면을 보여주면서 첫 회를 시작한다.

〈불멸의 이순신〉은 왜교 앞바다 해전 장면으로 시작하고, 〈주몽〉은 해모수가 이끄는 고조선 유민들과 한나라 군대와의 장대한 전투 장면으로, 〈연개소문〉은 연개소문과 당태종의 안시성 싸움을 첫 회로 시작한다. 〈대조영〉도 장쾌한 요동성 방어전으로 그 막을 올렸다. 이들 전투 장면에서 수십 마리의 말이 흙먼지를 일으키며 달리고 쓰러지고, 창과 칼을 든 장수들은 붉은 피를 토해내면서도 신기에 가까운 용맹을 보여준다. 화살이 심장을 관통하는 장면과 희귀한 전통 무기, 화려한 깃

발, 어둠을 가르는 불화살 등 장대한 볼거리가 다양하다.

〈허준〉,〈대장금〉 같은 역사드라마는 전쟁 장면이 없는 대신에 다른 볼거리로 역사를 재현한다. 〈허준〉은 죽음을 맞이한 스승 유의태의 유언에 따라 허준이 스승의 시신을 해부하는 장면을 현실감 있게 보여주었다. 의술의 종지를 가늠하는 양예수와 유의태의 '구침지희' 에피소드도 실감나게 묘사해 사실성을 부각시켰다. 조선시대 의녀들의 의상 구현과 동의보감을 통한 의학적 지식제공 등은 다양한 재미를 주었다.

스펙터클의 역사 서술은 작가의 이야기 전개, 연출, 시청자의 몰입 등에 큰 영향을 미친다. 역사 공간을 재현한 화려한 세트는 작가의 상상력을 발휘할 수 있는 공간을 넓혀준다(원용진·주혜정, 2002). 작가가 역사적 사실을 넘어선 이야기를 구성해도 역사 공간이 재현됨으로써 현실성이 약해지지 않기 때문이다. 이는 시청자에게 시각적으로 역사성을 높여주며, 시청자가 적극적으로 이야기 구조에 몰입하는 효과를 낳는다. 즉, 섬세한 역사 공간의 재현과 고증은, 수없이 제기되는 고증에 대한 비판으로부터 한발 물러남과 동시에 역사드라마라는 허구성을 상쇄시키는 역할도 담당한다.

02 멜로의 역사

역사드라마어서 멜로드라마의 이야기 구조는 중요한 관습이 되고 있다. 물론 모든 유형의 역사드라마가 멜로드라마의 이야기 구조를 채용하는 것은 아니다. 기록적 서술방식을 사용한 1980년대 〈풍운〉, 〈조선왕조 500년〉, 〈개국〉 등의 역사드라마는 남녀 간의 사랑을 다루지 않았다. 민족성을 강하게 표출하는 〈태조 왕건〉, 〈불멸의 이순신〉, 〈명성황후〉와 같은 드라마에서도 마찬가지다.

멜로드라마의 이야기 구조는 〈허준〉에서 성공적으로 사용된 후부터 〈대장금〉, 〈상도〉, 〈태양인 이제마〉, 〈해신〉, 〈주몽〉, 〈연개소문〉, 〈대조영〉, 〈바람의 나라〉, 〈선덕여왕〉으로 이어지고 있다. 〈허준〉의 정부인 다희와 예진, 〈태양인 이제마〉의 정부인 운영과 설이, 〈상도〉의 임상옥의 아내 미금과 다녕, 〈대장금〉의 민정호와 중종 등 주인공을 중심으로 한 삼각관계가 역사드라마 이야기의 한 축을 형성하고 있다. 이러한 이야기 전개는 과거 역사드라마에서는 나타나지 않았던 것들이다. 〈선덕여왕〉에서도 덕만은 김유신과 비담 사이에, 김유신은 덕만과 천명공주 사이에 놓여 삼각관계를 이룬다.

역사드라마에서 멜로드라마의 구도를 만들어낸 것은 〈허준〉이다. 〈허준〉에서 보이는 멜로드라마의 구도는 다음과 같다. 첫째, 멜로드라마에서 주인공들 간의 만남은 운명적이며 우연하게 이루어지는데, 〈허준〉에서 허준과 다희, 예진은 각각 우연히 인연을 맺게 된다. 이 우연은 종국에는 거스를 수 없는 숙명이 된다. 둘째, 천첩의 자식인 허준과 양반 가문의 규수인

그림 5-4 〈허준〉은 이후 역사드라마가 멜로드라마의 구도를 만들어내는 데 중요한 영향을 미쳤다.

다흐, 유부남인 허준과 처녀의 몸으로 의녀가 된 예진 등의 설정은 등장인물과 상황의 양극적 속성을 지닌 멜로드라마 장치이다. 셋째, 멜로드라마의 특징인 삼각관계 또한 〈허준〉의 인물구도에 그대로 반영된다. 넷째, 멜로드라마는 강자보다는 약자의 시각에서 그려지는데, 허준은 상대적 약자로 묘사되며 결말은 약자의 승리로 마무리된다. 다섯째, 멜로드라마는 과거지향적 속성을 지니는데, 허준의 과거는 후반부에 돌발적으로 드러나면서 허준이 불행이나 함정에 빠지는 동기가 된다. 여섯째, 멜로드라마는 비현실적 상황 설정이 특징인데, 허준 또한 어떤 시련도 극복하고 어떤 불의와도 타협하지 않는 슈퍼맨 같은 기질의 소유자로 보통 사람이 감히 엄두도 내지 못할 일들을 이루어낸다. 일곱째, 해피엔딩으로 마무리되는 멜로드라마처럼, 〈허준〉도 성공 신화를 만들어낸다(황인성, 2000, 9~11쪽).

역사드라마에서 보이는 멜로드라마의 구도는 이미 다른 드라마의 경험을 통하여 지배적인 관습에 익숙해진 시청자의 기대에 충실히 부응함을 의미한다. 시청자에게 친숙한 기대 지평을 역사드라마가 충족시켜주는 것이다.

역사드라마에서 멜로드라마 구도가 갖는 의미는 무엇일까. 역사적 허구물(역사영화, 역사소설, 역사드라마 등)은 실제 역사적 사건이나 배경 속에 허구의 인물이 설정되는 경우조차 사적 영역(사랑, 우정, 음모 등)은 공적 영역(역사적 정치적 사건)과 긴장관계나 인과관계를 맺고 있다는 전제로부터 출발한다. 역사적 허구물은 드라마적인 요소 - 인물 설정, 에피소드의 중심적 전개, 플롯 등 - 와 스펙터클의 요소 - 역사적 배경, 역사 공간의 재현 등 - 를 통하여 역사를 표현한다. 역사적 허구물에서 허구의 인물 설정과 에피소드 중심의 전개는 역사적 허구성을 높이는 역할을 담당하지만, 역사적 배경과 사건의 재현을 통한 스펙터클은 사적 공간을 공적 공간으로 위치시키는 기능을 담당한다.

그린던Grindon, 1994은 이와 같은 맥락에서 역사영화에서의 표현 방식을 두 가지 대립적 구도에서 제시한다.

물론 이 두 가지 대립적 요소가 엄밀한 경계로 구분되지는 않지만, 역사적 허구물은 이 두 가지 요소를 함께 담고 있다. 역사드라마에서 멜로드라마 구도는 사적 영역과 공적 영역 사

개인적 요소	맥락적 요소
플롯	역사적 공간
개인	사회
특정 인물의 개인성	집단의 모습
개인 심리	집단 행위
친숙한 장면	공적 의례
인물 설정	스펙터클

이의 관계가 아니라, 사적 영역이 지배하는 경향을 낳는다. 역사드라마에서 개인적 요소, 개인 심리, 특정 인물의 개인성이 드라마 전반을 지배함으로써 맥락적 요소, 집단의 모습, 공적 의례 등은 사라진다. 이런 측면에서 보면, 멜로드라마 구도를 채용하는 역사드라마는 역사가 단지 '공간'이나 '배경'으로만 기능할 뿐 역사성은 상실한다고 볼 수 있다.

쇼Shaw, 1983가 정의하듯이, 역사소설에서 역사적 개연성을 외적 개연성과 내적 개연성으로 구분할 경우, 내적 개연성인 작품 자체의 내적 규칙과 패턴의 일관성 있는 묘사가 외적 개연성인 작품이 표현하는 역사를 묘사하는 방식을 압도한다고 볼 수 있다. 이것은 '역사'드라마가 아니라 역사'드라마'를 의

미한다.

과연 이것이 바람직한 역사드라마인가에 대해서는 여전히 논란이 되고 있다. 그러나 분명한 것은 이런 경향이 최근 역사드라마에서 역사를 재현하는 데 주요한 경향과 관습으로 굳어지고 있다는 사실이다.

03 고구려 민족주의

2006년 한국 사회에 떠오른 문화 현상 중의 하나는 고구려 열풍이다. 텔레비전 드라마는 고구려 열풍을 주도했다. 고구려를 배경으로 한 〈주몽〉, 〈연개소문〉, 〈대조영〉 등 세 편의 역사드라마가 시청자의 관심을 사로잡았다.

텔레비전에서 방영되는 드라마 속의 역사 배경이 고구려로 설정된 것은 〈주몽〉이 처음이었다. 물론 최초 역사드라마인 〈국토만리〉가 고구려를 배경으로 낙랑공주와 호동왕자를 다뤘지만, 단막극으로 옛날이야기를 전해주는 수준에 불과했다. 주로 조선시대를 배경으로 삼았던 역사드라마가 2006년 갑자기 고구려의 역사를 서술하고 재현하기 시작한 것이다. 2007년 가을에는 광개토대왕을 그린 〈태왕사신기〉가 방영되었다. 이후에도 2008년에는 고구려 대무신왕을 다룬 〈바람의 나라〉, 2009년에는 낙랑공주와 호동왕자 설화를 바탕으로 한 〈자명고〉가 방영되어 주목을 받았다.

그림 5-5 2006년에 불어닥친 고구려 열풍은 〈주몽〉〈연개소문〉, 〈대조영〉으로 이어졌다.

교양 프로그램인 〈느낌표〉는 문화유산을 바로 알자는 취지로 개설한 '위대한 유산 74434'에서 동북공정의 실태를 다뤘다. 〈KBS 스페셜〉은 '동북공정 무엇을 노리는가'(2006년 9월 16일)를 방영했으며, 〈SBS 스페셜〉은 '잃어버린 역사 연개소문'(2006년 7월 2일)에서 고구려와 당나라의 전쟁을 재조명하기도 했다.

텔레비전 프로그램으로 시작된 고구려 열풍은 출판, 전시회, 의상, 은행 펀드까지 이어졌다. 《주몽》과 《연개소문》 등 고구려 관련 역사소설도 줄줄이 출간되었다. 교보문고는 역사소설 코너를 따로 마련할 정도였다. 주몽에 관련한 역사소설이 2007년 초에만 6종이 출간됐고, 어린이 서적과 만화 등 관련 서적까지 합하면 총 20종이 넘게 출간됐다. 인터넷 마켓에서 고구려를 검색하면, 무려 100여 가지의 상품이 검색된다. 삼족오 문양의 티셔츠부터 자동차 시트까지, 고구려는 여러 가지 다양한 방식으로 상품화되었다. KTF는 이런 경향에 맞춰 '씽크 코리아 고구려 요금제'를 출시하기도 했다.

고구려를 테마로 하는 각종 전시회도 열렸다. 성균관대 박물관이 주최한 '집안集安 고구려 유적의 어제와 오늘'(2006. 9. 22~12. 22)은 중국 집안에 있는 국내성, 장군총, 태왕릉 등 다양한 고구려 유적들을 1930년대 사진과 현재 사진을 비교하여 전시했다. 충북교육박물관도 2006년 9월부터 4회에 걸쳐 '동북공정 관련 고구려 특별전'을 강연과 함께 열었다. 이 밖에도 다양한 고구려 유적 여행 패키지가 기획되었다.

한국 사회가 이토록 폭발적으로 고구려에 관심을 두게 된 데는 두 가지 상황이 맞물려 있었다. 2002년부터 중국이 추진해온 동북공정 프로젝트에 대한 경계와 2004년 고구려 유적이 세계문화유산에 등재된 사건이 그것이다. 그러나 중국 외교부 부부장이 한국을 방문해 구두양해를 합의하자 폭발적으로 일었던 고구려에 대한 국민적 관심도 잠시 사그라드는 듯 보였다.

고구려에 대한 관심은 2006년 세 편의 고구려 역사드라마가 인기를 끌면서 다시 높아졌다. 고구려 역사드라마의 어떤 모습들이 국민적 관심사를 이끌어낸 것일까. 중국의 동북공정이 한국 대중이 고구려에 관심을 갖는 계기를 제공하긴 했지만, 그게 다가 아니었다. 드라마적 시각에서 본 고구려 역사드라마들은 당대 대중이 욕망하는 것(민족주의)을 이끌어내고, 또

충족시키는 역할을 하고 있었다.

1964년 부터 2009년까지 방영된 역사드라마는 총 168편이었다.[47] 역사드라마는 1970년대 가장 많이 제작되었다가 1980년대 이후 감소했다. 그러나 2000년대 이후 다시 제작이 증가하고 있는데, IMF 이후 드라마 〈태조 왕건〉과 〈허준〉을 계기로 1990년대 후반 역사드라마가 전체 드라마에서 가장 인기 있는 장르가 되었기 때문이다. IMF 사태로 초래된 경제 위기로 국민은 심한 경제적, 정서적 좌절감을 경험했는데, 여기서 역사드라마가 과거의 영광과 성공 신화를 통해 정신적 상처를 치유하는 역할을 담당했다.

표 5-2는 한국 역사드라마가 어떤 시대를 배경으로 설정했는가를 보여준다. 전체 역사드라마의 배경 설정을 보면, 조선시대 67.3퍼센트, 고대·삼국시대 10.1퍼센트, 고려시대 4.2퍼센트, 일제강점기 2.4퍼센트, 모호하거나 시대가 혼합된 경우 16.1퍼센트를 차지하고 있다. 조선시대를 배경으로 한 역사드

---

[47] 역사드라마를 어떻게 정의하는가에 따라서 총 방영편수는 달라진다. 이 책에서 언급하는 역사드라마는 다음을 의미한다. 첫째, 역사드라마는 현재로부터 두 세대 이전 과거사를 소재로 한 드라마를 지칭한다. 둘째, 과거 시대를 배경으로 한다고 하더라도 조선시대를 배경으로 역사적 사실과 관계없이 고부 갈등, 남편의 외도 등을 다룬 드라마는 제외한다. 전설, 설화, 고전소설을 토대로 제작된 드라마는 역사드라마 범주에 포함한다. 텔레비전 드라마 목록은 이병훈(1996)의 역사드라마 자료집, 김승현·한진만(2001)의 드라마 목록을 참고했고, 이후 드라마는 신문편성표를 찾아서 포함했다.

표 5-2 한국 역사드라마의 시대 배경

시대	1960년대	1970년대	1980년대	1990년대	2000~2009	소계
고대 · 삼국	4	2	-	1	10	17
고려	1	2	-	0	4	7
조선	13	40	29	18	13	113
일제강점기	0	1	1	1	1	4
기타 · 모호	3	13	7	2	2	27
계	21	58	37	22	21	168

라마가 압도적으로 많았다.

그러나 2000년 이후, 역사드라마의 배경으로 조선시대가 차지하는 비중이 50퍼센트 이하로 줄어들었고, 대신 고대 · 삼국시대를 배경으로 설정한 드라마가 대폭 증가했다. 고려시대를 다룬 것도 세 편이나 되었다. 2000년대 이후 역사드라마의 특징은 시대 배경이 조선시대를 벗어나 고려시대나 삼국시대로 확장되고 있다는 것이다.

표 5-3은 고대 · 삼국시대를 배경으로 한 드라마 목록이다. 1960년대 역사드라마는 고전소설, 설화 등을 토대로 제작된 것들이 많은데, 〈국토만리〉나 〈마의태자〉 등이 여기에 해당된다. 정영희(2005, 55쪽)는 1960년대 역사드라마들이 '옛이야기 들려주기'식의 특징을 보여주고 있다고 지적한다. 1960년대 중반은 녹화 시설이 없어서 생방송으로 역사드라마를 제작하는 등 제작 환경이 열악했다는 점을 고려하면, 이야기 전달 이상의 의미를 담기 어려웠음을 알 수 있다. 텔레비전 보급률은

표 5-3 고려 이전 시대 배경 역사드라마

드라마	방송사	방영시기	기타
국토만리	KBS	1964	최초 역사드라마
마의태자	KBS	1964	설화 중심
선덕여왕	KBS	1968	인물 중심
김유신	TBC	1969	인물 중심
불국사	KBS	1973	불국사 창건 배경
삼국통일	KBS	1974	민족사관 정립극
삼국기	KBS1	1992~1993	대형세트 제작
태조 왕건	KBS1	2000~2002	최종 시청률(42.6%)
해신	KBS2	2004~2005	장보고
서동요	SBS	2005~2006	상상적 역사 서술
주몽	MBC	2006~2007	상상적 역사 서술
연개소문	SBS	2006~2007	상상적 역사 서술
대조영	KBS1	2006~2007	상상적 역사 서술
태왕사신기	MBC	2007	상상적 역사 서술
바람의 나라	KBS2	2008~2009	상상적 역사 서술
자명고	SBS	2009	상상적 역사 서술
선덕여왕	KBS1	2009	상상적 역사 서술

1970년 40만 대를 넘지 않았고, 라디오나 영화가 지배적인 대중매체였으므로 텔레비전 역사드라마가 갖는 사회적 의미는 크지 않았으리라 판단된다.

단순히 옛이야기 들려주기 식에서 벗어나 고려 시대 이전이 역사드라마 배경으로 설정된 것은 2000년 이후다. 〈태조 왕건〉은 궁예의 철원성 공격을 보여주며 후삼국시대를 배경으로 제시했다.

고구려가 본격적으로 역사드라마의 배경으로 등장하는 것

은 2006년부터다. 역사드라마의 경우, 오픈세트 제작 등 사전 기획 기간이 다른 장르의 드라마보다 상대적으로 긴 이유로, 대체로 고구려 역사드라마의 기획은 2004년 전후에 이루어졌다고 판단할 수 있다. 중국의 동북공정이 밝혀지면서 국민적 관심을 끌기 시작한 시점과 비슷하다. 따라서 고구려 역사드라마는 중국의 동북공정과 간접적으로 연관되어 있다.

역사학자들은 고구려 역사드라마를 '객관적 사실史實로서의 역사'라는 시각에서 진단한다. 서길수(2007)는 텔레비전 역사드라마가 대중의 역사 인식에 미치는 영향이 매우 크다는 전제하에서 〈주몽〉이 어떻게 역사적 사실과 다른가를 요목조목 기술한다. 해모수와 금와왕과의 관계, 소서노, 주몽, 대소와의 삼각관계, 현인으로서의 무골, 묵거, 재사, 고구려 건국 이후에 등장하는 부분노와 부위염 등 등장인물과 관련한 것부터, 부여는 황제 칭호를 쓰지 않았다는 점, 현토가 아니라 현도이며, 세발까마귀三足鳥는 고구려의 상징이 아니라는 점에 대해 사서를 근거로 역사드라마를 분석한다.

김용만(2007)도 유사한 맥락에서 역사드라마 〈연개소문〉에 나오는 시간 관계가 잘못되었다고 말한다. 드라마가 수양제를 다루기 위해서 연개소문이 태어난 해를 591년으로 무리하게 변경함으로써 다른 인물들과의 관계는 물론 역사적 관계를 크게 왜곡했다는 것이다. 그는 드라마 전개 과정에 있어 연개소문을 영웅 사관에 입각해 특별한 인물로 설정하고, 연태조를 제갈량과 같은 인물로 설정했다고 비판한다. 과거에 대한 막연한 향수 혹은 쇼비니즘을 드러내는 구즈에 대해서도 지적한다.

문학(예술)이론가들과 역사학자들은 분명히 다른 접근법을 취하고 있다. 역사를 소환하는 데 있어서 문학이론가는 서사 전략으로 재구성하는가에 초점을 맞춘다면, 역사학자들은 왜곡된 역사 소환 자체에 주목하기 때문이다. 문학이론가들은 역사적 허구물에서 역사 자체보다는 특정 맥락에서 나타나는 인간 본성을 찾아내고, 세계를 재구성하는 이야기 서술방식에 주목한다. 이것은 '보편성으로서의 역사'가 아니라, '개별성으로서의 역사'에 무게중심을 두는 것을 의미한다.

배선애(2007)는 서사의 시각에서 〈주몽〉을 빼어난 역사드라마르 평가한다. 〈주몽〉은 신화를 현실화하는 '서사 전략'과 현실감을 부여하는 '연출 전략'을 효과적으로 사용했기 때문이다. 배선애는 신화를 현실화하는 서사 전략으로 영웅 서사의 현재적 재해석, 신화적 인물의 현실성 확보와 판타지 인물의 형상화, 서사의 장르 혼용을 현실감 부여의 연출전략으로 주몽의 영웅성과 현실성의 이미지 실현과 HDTV 기술력을 이용한 영상 구현을 지적한다. 더욱이 《삼국유사》나 《삼국사기》의 기록에는 주몽이 고구려를 세우는 명분이 드러나지 않지만, 드라다 〈주몽〉은 건국의 명분을 분명하지 제시했다는 점도 강조한다.

이야기로서의 역사 구성과 역사적 사실성, 개별성으로서

의 역사와 보편성으로서의 역사에 대한 대립적 시각은 쉽게 해결되기 어렵다. 루카치는 역사소설이 인간 존재의 전체적인 스펙트럼을 표현해야 한다고 주장하며, 개별성으로서의 역사에 반대하고 있다. 루카치의 견해는 총체성totality, 전형type, 역사적 분위기의 진실성 등으로 표출되어 있다Lukács, 1999. 쇼Shaw, 1983는 두 시각 사이 해결점을 제시한다. 그는 역사적 개연성을 '외적 개연성'과 '내적 개연성'으로 구분한다. 이것은 역사를 소환하는 데 있어서 역사적 사실을 어느 정도 끌어들일 것인가와 소환된 역사를 어떻게 일관성 있는 이야기로 만들어낼 것인가와 관련된다. 쇼의 시각을 빌리면, 역사학자는 외적 개연성에, 문학이론가는 내적 개연성에 집착하는데, 사실 둘 사이는 분리되어 있는 것이 아니라 유기적으로 연결되어 있다.

고구려 역사드라마들은 모두 상상적 역사 서술방식으로 전개된다. 〈주몽〉은 상상의 역사로써 등장인물을 매력적으로 묘사한다. 〈주몽〉은 신화와 역사가 뒤섞여 있는 고구려 건국사를 작가의 상상력으로 메워간다. 주몽의 아버지인 해모수를 한나라에 저항하는 고조선 유민의 영웅으로 그리고, 훗날 주몽의 부인이 되어 고구려 건국의 주역이 되는 소서노召西奴는 대상단 연타발의 딸로 묘사한다. 고조선을 멸망시킨 한나라 철기군은 마치 유럽의 중세 기사처럼 갑옷과 철제무기로 무장한다. 금와왕은 유화 부인을 궁으로 데려오고 해모수의 아들 주몽은 금와를 의붓아버지로 삼아 이복형제에게 미움을 사고 궁에서 쫓겨나 고구려 건국의 길로 들어선다. 이 밖에도 많은 등장인물이나 인물 관계 등이 작가의 상상력으로 채워진다.[48]

가장 매력적으로 작가적 상상력이 발휘된 인물은 해모수다. 《삼국유사》나 《삼국사기》에 따르면, 해모수는 하느님의 아들로 유화와 관계하여 주몽을 낳은 신화적 인물이다. 《삼국유사》에는 "하늘에서 다섯 마리의 용이 끄는 수레를 타고 내려온 해모수가 스스로 왕이라 일컬으며 국호를 북부여라 칭했다", "해모수의 아들 해부루가 하느님의 명에 따라 동부여로 도읍을 옮겼다"는 기록이 나온다. 또, 《삼국사기》에는 "유화가 말하기를 여러 동생과 나가 노는데 그때 한 남자가 스스로 천제의 아들 해모수라고 하고 나를 웅심산 아래 압록수 가의 집으로 꾀어서 사통하고 곧바로 가서는 돌아오지 않았다" 등으로 기록되어 있다. 〈주몽〉은 이 같은 신화적 인물을 한나라에 저항하는 고조선 유민의 영웅으로 그리며, 주몽이 왜 고구려를 건국해야 하는지에 대해 드라마적인 정당성을 부여한다.

상상적 역사 서술방식은 고구려 역사드라마가 멜로드라마 구도를 차용하고 있다는 점에서도 두드러지게 나타난다. 〈주몽〉은 전형적인 멜로드라마 관습을 따르고 있다. 유화를 두고

---

48   주몽의 역사적 사실과 관련해서는 서길수(2007)의 글을 참고할 것.

벌이는 금와와 해모수의 삼각관계, 소서노와 주몽, 대소의 삼각관계, 또 주몽을 두고 벌이는 소서노와 예소야의 삼각관계는 이야기의 중요한 축으로 기능한다. 〈연개소문〉의 구도도 유사하다. 연개소문을 둘러싸고 벌이는 고소연(고구려 황부가문의 외동딸)과 이화(정부인)의 삼각관계나 연개소문과 김보희(김유신의 누이) 사이의 이루어질 수 없는 사랑 관계 역시 멜로드라마의 구도다. 〈대조영〉의 경우도 마찬가지다. 초린에 대한 대조영과 이해고의 갈등, 대조영을 가운데 둔 초린과 정실부인 숙영의 갈등도 역시 삼각 구도다. 역사드라마에서 멜로드라마의 구도는 〈허준〉 이후 하나의 공식처럼 활용되어 왔다.

〈태왕사신기〉는 상상의 역사를 넘어서 환상의 역사를 그려내기도 했다. 담덕(광개토대왕)은 환웅의 환생으로 설정되고, 하늘에서 내려온 환웅과 그들 따르는 삼신三神도 환생한 인물로 그려진다. 풍백의 환생은 쇠를 부리는 능력을 가진 주무치이고, 운사의 환생은 나무를 다스리는 처로, 우사의 환생은 물을

표 5-4 고구려 역사드라마 오픈세트 투자비 (단위: 억 원)

제목	방송사	방영기간	지원기관	세트제작비	기타
주몽	MBC	2006.5.15~2007.3.6	나주	80	삼한지 테마파트 (4만 2,000평)
연개소문	SBS	2006.7.8~2007.6.17	문경, 단양	50	
대조영	KBS1	2006.9.16~2007.12.23	설악 한화리조트	70	설악 씨네라마 (2만 7,000평)
태왕사신기	MBC	2007.9.11~2007.12.5	제주	130	

다스리는 현고로 그려냈다. 여기서는 주작을 포함하는 사신四神도 등장한다. 또한 웅족과 싸움을 벌인 호족은 불의 신녀가 다스렸는데, 불의 신녀 가진의 환생은 기하로 설정되어 있다. 이런 측면에서 〈태왕사신기〉는 역사드라마를 넘어선 판타지 드라마로 볼 수 있다.

고구려 역사드라마의 오픈세트는 보다 화려하게 제작되었다. 〈주몽〉은 나주시의 지원으로 세트 제작비 80억 원, 〈연개소문〉은 50억 원, 〈대조영〉은 설악 한화 리조트의 지원으로 설악 씨네라마라는 테마파크를 만드는 데 70억 원, 〈태왕사신기〉는 130억 원을 오픈세트 제작에 투자했다. 이것은 지방자치 단체나 기업에서 관광 마케팅을 위해 지원한 것이지만, 드라마의 역사적 공간과 리얼리티 재현에 중요하게 기능한다. 물론 고구려 역사드라마의 오픈세트가 당시 시대상을 반영하는 것은 아니다. 방송사들의 고증 주장에도 불구하고 건축양식이나 의상은 수백 년 후에 나타난 것이지만, 시청자들은 당시의 모습으로 받아들인다는 점에서 역사적 사실성을 느낀다.

민족주의의 소환

역사드라마는 허구적이든 사실적이든 '역사'를 소환하고 있다는 점에서 민족주의를 내면화한다. 고구려 역사드라마는 이전 역사드라마보다 강력한 민족주의의 부활을 제시한다.

〈주몽〉의 제작의도는 "오늘보다 거대한 고구려를 만난다.

우리 민족이 가장 아름다웠던 시간, 우리 민족이 세계의 중심이었던 시간, 알렉산더, 칭기즈칸 그리고 우리 민족의 주몽, 고조선의 하늘을 되찾고, 고구려의 하늘을 연 개국의 영웅 주몽"이며, 〈연개소문〉의 경우, "고구려는 우리 민족의 저력과 웅지를 잘 대변했던 초강대국 …… 이 드라마는 연개소문을 중심으로 그가 살았던 세월을 극화하여 우리 민족의 정체성을 확인하고 묻혀있는 고구려의 역사를 되살리고자 함"이다. 〈대조영〉은 "대조영과 발해를 그리는 일은 찬란한 한민족의 역사를 복원하는 일임과 동시에 우리 민족에게 역사적 통찰력과 민족의 미래에 대한 새로운 작업이 될 것이다. 대제국 발해를 세운 힘은 여전히 우리 안에 있다"고 밝히고 있다.[49] 또한 〈태왕사신기〉의 기획의도도 "한반도에서 유일하게 대륙정복을 통해 한민족의 기상을 드높였던 광개토대왕의 활약상"을 그리는 것이다.

〈주몽〉과 〈대조영〉은 민족 정체성에 대한 상동관계homology을 보여준다. 〈주몽〉의 역사 배경은 고조선이 무너지면서 한나라가 지배하고 한민족의 유민들이 방황하는 시점이며, 〈대조영〉의 출발점은 고구려가 무너지면서 한민족이 유민으로 떠돌

---

[49] 〈주몽〉의 제작진은 드라마가 민족주의와 동북공정에 직접 연계되는 것에 대해 부정적 태도를 취하고 있지만, 〈연개소문〉의 작가 이환경씨는 "중국의 동북공정이 이 드라마 한편으로 무색하게 될 것이라고 주장하면서, 정부가 외교 마찰을 우려해 학계가 사료 부족을 이유로 동북공정에 대응하지 않는다면 드라마가 나서야 한다"고 주장했다(〈경향신문〉, 2006년 7월 3일 자).

며 당나라의 지배에 빠져있던 시점이다. 주몽과 대조영은 한민족의 정체성이 무너지기 시작한 시점에서 민족을 되살린 인물로 표상된다. 반면, 〈연개소문〉에서 연개소문은 고구려가 멸망한 데에 책임이 있는 인물이 아니라 오히려 위기의 고구려에서 버팀목이 된 인물로, 신라와 당나라 나아가 일본까지 진출한 당시의 동아시아 영웅으로 그려진다.

세 드라마에서 제시하는 강력한 민족주의가 오늘날 우리 사회에 어떤 함의를 제공하는 것일까? 지나치게 민족의 우수성과 자부심을 강조하는 것이 새로운 역사를 열어가는 길이 되지는 못한다. 재일역사학자 강상중은 어디에선가 "민족-역사의 감미로운 이야기에 취하고 그것을 부활시키려는 이 시대야말로, 타자의 타자성을 배제한, 제국의 시대와는 또 다른 의미에서의 '마魔의 계절'이 아닐까? 역사는 바로 민족성을 돌파함으로써 기억되는 것이다"라고 적고 있다. 나는 강상중의 이 진술에 동의한다. 민족이라는 이름 하에 타자를 인정하지 않으려는 사회, 우리 민족만 강대하기를 바라는 세계관은 결코 바람직하지 않다. 민족이 이데올로기가 되기 때문이다.

〈주몽〉, 〈연개소문〉, 〈대조영〉, 〈바람의 나라〉 등은 강력한 가부장제를 표현하기도 한다. 이들 드라마는 변형된 오이디푸스 콤플렉스를 보여준다. 드라마에서 주몽, 연개소문, 대조영, 무휼은 모두 출생의 비밀을 지녔다. 주몽은 자신의 아버지가 고조선 유민과 다물군을 이끌고 한나라와 싸운 해모수라는 것을 모르고, 연개소문도 오직 자신이 고구려인이라는 징표만을 가지고 있을 뿐이다. 대조영도 태어나는 순간 제왕지운을 뜻하는 유성이 안시성에 떨어졌다는 사실로 인해 출생의 비밀을 안고 살아간다. 무휼은 자신이 주몽의 손자이자 유리왕의 아들이라는 사실을 모른 채 벽화공으로 살아간다. 이들 인물은 출생의 비밀 속에서 오늘날 상실되고 있는 가부장제를 복원한다.

〈주몽〉의 해모수는 한민족의 부성애를 보여주고, 주몽은 이를 계승한 한민족의 정체성을 표현한다. 〈연개소문〉의 연개소문은 안시성 싸움을 승리로 이끄는 남성성이 강한 인물이며, 〈대조영〉의 대조영은 고구려의 정체성을 이어받은 한민족의 상징적 인물이다. 이들은 출생의 비밀이라는 아버지의 부재(아버지가 존재하지 않는다는 것이 아니라, 아버지는 극복의 대상이라는 점에서) 속에서 또 다른 가부장제를 추구하는 인물들이다.

고구려 역사를 배경으로 하는 이 드라마들은 '제국'帝國의 건설을 제시한다. 제국은 패권주의적인 용어다. 1897년 고종이 황제 즉위식을 올린 후 대한제국을 선포하기 이전에, 제국은 우리 역사에 존재하지 않았다. 더욱이 패권주의적인 관점에서, 제국이라는 것은 근대적인 민족 국가의 영토 분할과 경계권을 전제로 한 착취와 억압을 추구했던 국가들의 또 다른 용어일 뿐이다. 황제皇帝라는 용어도 마찬가지다. "황제라는 칭호는 진나라 시황제가 중국의 전설적인 3황5제三皇五帝에서 따온 이름으로 진시황제가 처음 쓰기 시작했다. 우리가 한국사를 쓰면서 황제라고 쓰는 것이 중원과 같은 위치를 설정하는 것으로 생각할 수 있는데, 황제는 중원을 위주로 한 국가가 자신의 전설을 바탕으로 만들어낸 칭호이기 때문에 이것은 사대주의 사상에서 온 것이다(서길수, 2007, 16쪽)."

그렇다면 대중은 왜 고구려 역사드라마에 열광하는가? 김기봉(2007)은 이 질문과 관련하여 현실 역사의 결핍과 부재를 보상하고 대처하기 위해서라고 지적한다. 오늘날 현실이 갖는 왜소성과 억압이 대중으로 하여금 영광스러운 과거의 조상에 투사projection하게 만든다는 것이다. 그는 역사드라마 열풍으로 표출되는 역사에 대한 대중의 과도한 관심을 우리 현실의 총체적 위기를 반영하는 병리적 현상으로 파악한다. 한 국가와 민족이 위기 상황에 직면하면 할수록 자기 역사에 대한 관심이 높아진다. 이런 의미에서, 김기봉은 우리 시대 고구려 역사드라마 열기는 현실 역사만을 분석하여 설명하는 역사학이 대중이 꿈꾸는 역사를 충족시키지 못해 생겨난 하나의 병리적 현상이라고 결론짓는다. 물론 고구려 열풍을 과연 현실 억압적 구조에서 대중이 현실을 이해하는 통로가 아닌, 현실로부터 도피하기 위한 병리적 현상으로 봐야 하는지는 의문이 남지만, 과잉 민족주의를 넘어서 쇼비니즘으로 흐르는 경향은 위험스러운 게 사실이다.

에필로그
게릴라 정신과 놀이 정신

2000년대 이후 한국 문화에 보인 중요한 특징은 '실천적 주체로서 대중의 부상'이었다. 여기서 대중은 하나의 단일한 집합체가 아니라 '유랑하는 주체들의 집합'을 의미한다. 이들은 단일한 이념이나 문화 형식을 고집하지 않는다. 개인적 자유주의자면서도 다양한 하위 공동체들을 구성하고 왕래한다. 이 공동체는 가상공간과 현실 공간을 왕래하기도 하며, 융통성 있고 혁신적인 방법으로 한국 문화를 구성해간다.

 이 주체들은 권력과 제도 속에서 상상력을 발휘하며 저항한다. 제도화된 틀 속에 갇히기를 거부한다는 점에서 게릴라의 행보와 유사하다. 물론 이들은 전통적 의미의 게릴라는 아니다. 이들은 특정 지역이나 변방에 머무르지 않고 특정 이념에 빠져 있지 않기 때문이다. 이들은 창의적인 사고력과 실천 의지를 지니고 있는데, 세상을 현실의 공간이자 '놀이판'으로 이해하고 있는 것처럼 보인다.

2002년을 기점으로 형성된 새로운 세대의 등장과 인터넷이라는 테크놀로지를 배경으로 한 문화코드들은 각각의 코드 내에 변환을 가져왔다(표 6-1 참고). 2002년을 계기로 형성된 문화들은 '참여', '이동성', '사적 영역과 공적 영역의 확장', '제도와 권위의 해체', '젠더 관계의 변화', '내적 몸과 외적 몸에 대한 관심' 등이 서로 복잡하게 접목되면서 한국 문화의 특성을 드러낸다. 이 과정에서 새로운 문화 형식과 실천들이 계속 등장했다. 과거의 대중은 주로 문화 소비자의 위치에 머물렀다. 그러나 이제 '유랑하는 주체', '실천하는 주체로서의 대중'은 문화 소비자, 문화 생산자, 그리고 소비와 생산의 매개자로서 위치한다.

2000년대 한국 문화가 인터넷을 기반으로 확장되고 있다는 점에 대해서는 의문의 여지가 없다. 2002년 월드컵과 대통령 선거 과정을 기점으로 인터넷을 통한 참여 문화가 시작되었고, 사이버 문화는 활성화되기 시작했다. 인터넷 논객들이 등장하면서 비판적 담론 공중들도 부상했다. 이미지를 기반으로 하는 패러디 문화는 정치, 경제, 문화 전반에 걸쳐서 나타났으며, 블로그와 미니홈피 등의 개인 미디어는 2004년을 전후로 확장되었다. 대중은 동영상 UCC를 제작하고, 인터넷 참여는 이제 일상화되었다. 짧은 시기에 대중은 변화하는 테크놀로지

표 대표적인 문화 현상과 유행

	2001 이전	2002	2003	2004
유목민(인터넷) 코드	싸이월드(1999) 오픈 〈오마이뉴스〉(2000) 창간	논객 사이트 등장 게시판 문화 폭발	인터넷 논객 확산 미니홈피, 블로그 확산	디시인사이드, 웃긴대학 인기 패러디 문화, 디카와 폰카의 대중화
참여 코드	노사모(2000) 발족	월드컵 광장 문화 미선·효순 양 추모 촛불집회	참여세대의 등장 이라크 파병 대 촛불 대행진	대통령 탄핵철회 촛불집회 김선일씨 추모 촛불집회
섹슈얼리티 코드	퀴어문화축제(2000) 꽃미남, 동성애 팬픽사이트 확대(2000)		남성 화장품, 액세서리 시장 확대	메트로섹슈얼 유행
몸 코드	마라톤 열풍	얼짱 열풍	몸짱 아줌마 누드 열풍	웰빙 열풍 국민여동생(소녀)
역사적 상상력 코드	역사드라마 인기 확대	〈태조 왕건〉, 〈여인천하〉	〈대장금〉 〈황산벌〉, 〈실미도〉	〈해신〉, 〈불멸의 이순신〉 〈그때 그 사람들〉

를 빠르게 수용하면서 '아래로부터의 문화'를 주도했다.

월드컵의 붉은악마와 노사모는 참여 문화의 계기를 마련해 주었다. 이들이 보여준 것은 참여와 감성, 세대의 통합, 수평적 연대를 통하여 공통의 경험을 확대하는 것이었다. 월드컵 기간에 국민 전체가 붉은악마가 되면서 광장의 문화를 만들어냈다. 노사모가 만들어낸 아래로부터의 정치문화 역시 월드컵 광장의 문화와 접목되어 촛불집회로 이어졌다.

섹슈얼리티와 몸의 코드는 밀접한 관계를 맺고 있다. 2000년, 동성애자들은 퀴어문화축제를 통해 세상 밖으로 나왔다. 동성애는 영화나 드라마를 통해서 대중들에게 전달되었다. 그

2005	2006	2007	2008	2009
싸이월드 1,000만 명 개설 개똥녀	UCC 유행 된장녀, 강사녀	블로그 유행 군삼녀, 알파걸	신상녀	루저녀
	월드컵 광장 응원		광우병 촛불집회	
워버 섹슈얼 콘트라섹슈얼 〈왕의 남자〉 흥행 성공	〈후회하지 않아〉 〈서양골동양과자점 앤티크〉	〈커피프린스 1호점〉	〈쌍화점〉,〈미인도〉 〈소년, 소년을 만나다〉	초식남
	쌩얼 열풍	소녀그룹 확대		2PM과 짐승돌
	고구려 드라마 인기 〈주몽〉,〈대조영〉, 〈연개소문〉	〈태왕사신기〉		〈선덕여왕〉

러나 영화와 드라마 들은 감추기 전략을 통해 동성애를 보여주면서 위장된 동성애를 표현했다. 동성애의 현실과 표상된 현실 사이에는 여전히 차이가 존재한다. 섹슈얼리티 코드는 메트로섹슈얼, 위버섹슈얼, 콘트라섹슈얼 등으로 이어졌고, 남성은 화장품, 패션, 액세서리 시장의 주요한 고객이 되었다. 남성은 바라보는 주체만이 아니라 타인에게 보이는 대상이 되었다. 이것은 섹슈얼리티와 관련해서 변화된 젠더 관계를 반영한다.

2000년대 들어와서 몸에 대한 관심은 '내적 몸'이 아니라 '외적 몸'을 중심으로 한 몸 관리 산업과 맞물려 확산되었다. 내적 몸이 건강한 몸이라면 외적 몸은 외양과 관련된 몸이다. 2002년 이후부터 얼짱, 몸짱, 누드, 웰빙, 쌩얼, 소녀, 짐승 등은 열풍처럼 다가왔다. 이 열풍들은 모두 외적 몸과 관련된 것들이었다. 따라서 외양을 강조하는 수많은 신조어가 나왔다. S라인, 꿀벅지, 황금 골반, 뒤태 미인, 착한 가슴, 초콜릿 복근, 말 근육 등은 모두 외적 몸과 관련된 신조어들이다. 이 단어들은 우리 문화에서 '루키즘'lookism[50]의 확산을 보여준다. 내적 몸과 외적 몸 사이의 불균형은 우리 몸 자체를 표류하게 하며, 이는 자신의 몸에 대한 학대로 이어지기도 한다. 가짜 상품이나 명품 선호 등도 루키즘의 연장이라고 볼 수 있다.

역사적 상상력의 코드는 드라마, 영화, 소설 등에 나타난 현상이다. 이것은 서사에서 팩션faction: fact+fiction의 시대가 도래했음을 의미한다. 근대적 사고는 허구에 대한 과학적 사실의 우위를 전제로 한다. 과학적 사실은 진실로써 여타의 허구를 압도해왔다. 탈근대 시대로 넘어가면서 사실보다 의미의 문제가 더욱 중요하게 제기되었다. 인간에게 중요한 것은 과학적 사실이 아니라 삶의 의미이기 때문이다(김기봉, 2006). 역사적 상상력의 코드는 탈근대적 사고를 반영한다.

포괄적으로 보면, 역사적 상상력의 코드는 근대를 규정하는 이성, 합리성, 과학적 지식 등이 가진 권위에 대한 해체이다. 과거 역사영화, 역사소설, 역사드라마가 추구한 것은 '정

---

[50] 루키즘(lookism)은 외모지상주의로 옥스포드 사전(1999) '20세기 단어'에 실려 있는데, 외모에 기초한 차별과 편견으로 정의되었다. 윌리엄 새파이어(William Safire)가 《The New York Times Magazine》(2000년 8월 27일)에 'On Language'에서 Lookism을 다시 소개하면서 확산되었다.

사'로서 역사에 가깝게 다가가는 '역사' 영화나 '역사' 드라마였다. '역사' 영화나 '역사' 드라마는 사실에 가까운 '의사疑似' 역사의 한 부분으로 기능 하는 역할을 수행했다. 앞에서 논의했던 기록적 역사 서술이 이와 같은 기능에 충실했다. 그러나 오늘날 역사 '영화'나 역사 '드라마'들은 더 이상 '의사' 역사의 한 부분이 되려고 하지 않는다. 역사의 한 부분이 되기보다는 가려진 역사의 한 부분을 상상력으로 꾸며내고자 한다. 역사는 이제 하나의 도구나 소재거리일 뿐 그 이상도 이하도 아니다.

대중적 역사 서사물은 두 가지 측면에서 역사를 상상적으로 서술한다. 하나는 중심의 역사에서 주변의 역사로, 다른 하나는 주류의 역사에서 비주류의 역사를 기술하는 것이다. 주변과 비주류의 역사는 기록이 부재하기 때문에 상상력을 발휘할 수밖에 없다. 이것은 역사적 권위(민족, 정사, 역사학 등)에 대한 저항이면서 해체 작업이기도 하다.

멜로의 역사는 이제 역사가 배경으로만 기능할 뿐이라는 사실을 보여준다. 역사적 상상력의 코드는 '아래로부터의 역사' 그리고 권위와 제도로서 역사에 대한 풍자를 보여준다. 이것이 역사적 상상력의 코드에서 보이는 게릴라 정신이다. 그러나 다른 한편으로 상상의 역사는 강한 민족주의를 호명하기도 한다. 〈주몽〉, 〈대조영〉, 〈연개소문〉, 〈선덕여왕〉 등은 민족의 역사를 강조한다. 역사적 권위의 해체와 권위의 강화라는 이중적 특성이 역사적 상상력의 코드에 드러나 있다.

그동안 논의했던 다섯 가지 문화코드들은 서로 밀접히 관련되어 있다. 그러나 이들 문화코드의 수준이 일정한 것은 아니다. 역사적 상상력의 코드는 주로 대중문화 생산자들에 의해서 구성되는 것이고, 몸 코드는 몸 산업이나 패션, 액세서리, 화장품 같은 외양 산업에 의해서 주도된 것이다. 섹슈얼리티 코드 역시 몸 산업과 대중문화 생산자에 의해서 구성되었다. 어느 시대에나 산업은 몸과 섹슈얼리티를 통해 상징적 가치와 상품을 끊임없이 만들어내고 있다. 반면 인터넷을 기반으로 하는 유목민 코드나 참여 코드는 실천하는 대중 스스로 만들어낸 문화코드였다. 다섯 가지 문화코드 중에서 상대적으로 중요한 사회적 의미를 지니는 코드는 유목민 코드와 참여 코드라고 볼 수 있다. 사실상 이것이 2000년대 한국 문화 구성에서 중요한 핵심 키워드인 것은 명백하고, 다른 코드들의 영향력을 압도하고 있다. 인터넷을 떼어 놓고 우리 시대 당대 문화를 말할 수 없는 것처럼, 새로운 세대의 등장과 세계관의 형성을 고려하지 않고 시대정신을 말할 수 없다.

게릴라 정신과 놀이 정신이 두드러지게 나타난 것은 인터넷과 광장의 문화였다. 나는 대중을 유랑하는 주체들의 집합으로 규정하면서 동시에 실천적이고 생산적인 주체라고 논의했다. 게릴라는 한 개인이기도 하고 때로는 소집단이기도 하다.

〈딴지일보〉는 온라인 저널리즘 영역에서 게릴라 정신을 보여주었다. 〈딴지일보〉 자체가 하나의 게릴라였던 셈이다. 〈딴지일보〉는 기존 저널리즘의 권위에 도전하고, 우리 사회에 규범적인 언어 질서, 정치와 성과 관련된 주제들을 패러디하고 풍자함으로써 대안매체로 부상했다. 저속한 말투, 비판정신과 풍자 정신은 〈딴지일보〉가 보여준 게릴라 정신이었다. 엽기 문화는 정숙한 문화, 고품격 문화에 대한 비틀기였다. 〈오마이뉴스〉는 '뉴스 게릴라의 뉴스 연대'라는 기치 아래 창간되었다. 〈오마이뉴스〉는 기존 뉴스 생산과 소통 구조를 바꾸었다. 일반 시민기자는 뉴스 게릴라가 되어서 현장성이 넘치는 뉴스를 생산해냈다. '고대 YS 농성현장 17시간 생중계'는 계속 현장을 관찰하고 기록하는 뉴스 게릴라의 행보를 보여주었다.

논객 사이트는 정치 담론을 생산하는 게릴라였다. 이들이 만들어낸 토른 공간은 지배 담론에 저항하면서 대안 담론을 생산하는 구실을 했다. 이들의 '당파적 글쓰기'는 정치 이념에 기초한 글쓰기 활동이었다. 논객 사이트는 대중과 지식인의 고정적 경계를 허무는 담론 생산과 소통의 메커니즘을 구현했다. 2004년을 정점으로 논객 사이트의 영향력은 갈수록 약해지고 있다. 이것은 논객 사이트들이 대안적 진지들positions을 구축하기는 했지만, 지나치게 이념과 노선문제에 집착함으로써 대중을 끌어들이는 데 실패했기 때문이었다. 논객 사이트의 진지는 공론 영역의 확대 공간이 아니라 논쟁의 게토ghetto로 변모하면서 영향력을 상실하게 되었다. 스스로 공론 영역으로부터 격리됨으로써 대중성을 확보하는 데 실패한 것처럼 보인다.

인터넷 공간은 치열하게 싸움이 벌어지는 난장亂場의 영역이다. 이제는 숲이나 산이 아니라 가상공간이 게릴라의 활동 무대가 된 것이다. 하버마스가 설정하는 합리적이고 이성적 공간으로서 공론 영역을 인터넷에서 기대하는 것은 어쩌면 이상향을 꿈꾸는 것인지 모른다. 오히려 욕망이 분출하는 난장의 공간, 치열한 싸움의 공간에서 새로운 토론 문화와 숙의의 가능성을 찾아내는 것이 필요한지도 모른다.

동성애자도 우리 시대의 게릴라였다고 볼 수 있다. 집단적 커밍아웃, 그리고 2000년부터 매년 열리는 퀴어문화축제는 동성애가 이제는 변방이나 특정 지역에 머물지 않고 세상 밖으로 나왔음을 보여준다. 이들은 동성애에 대한 사회적 편견과 억압에 저항하면서 당당히 밖으로 나왔고, 영화나 드라마 등에서도 동성애는 주요 소재로 떠오르고 있다. 물론 연예 산업은 동성애의 코드를 대중성을 위해서 활용했다.

일반 대중도 게릴라의 특성을 보여주었다. 2002년 효순·미선 양 추모 촛불집회를 제안한 앙마나 2008년 광우병 촛불집회를 제시한 여고생들도 게릴라였다. 취미로 모인 인터넷 카페 공동체들도 마찬가지였다. 예를 들어 소울드레서나 화장발 등은 패션이나 미용 관련 카페였지만 촛불집회 과정에서 진지를 구성하기도 했다. 다음 아고라에서 다양한 공적 쟁점에 참여하는 네티즌들도 모두 실천적인 주체들이었다.

촛불집회는 게릴라의 전략과 전술을 그대로 보여주었다.

광우병 촛불집회에 참여한 대중들은 다양한 진지들을 구축하고 기동전을 전개했다. 경찰에서 촛불집회를 불법으로 규정하자 사이버 경찰청 홈페이지에 나를 잡아가라고 '자수'하는 네티즌들이나 경찰차에 스스로 들어간 대중들, 광우병 소 수입 반대 리본 달기 운동 전개, 유모차와 여비 군복을 입고 등장한 사람들, 명박산성을 능가하는 국민토성을 쌓는 등 다양하고 변화무쌍한 전술들이 촛불집회 과정에서 등장했다. 72시간 연속 집회, 새벽까지 강연을 듣고 공연을 즐기는 집회 문화를 만들어내기도 했다. 참가자들은 디지털 카메라나 폰카를 가지고 촛불집회 과정을 일일이 찍어서 자신의 홈페이지나 블로그, 혹은 관련 카페에 올리기도 했다. 촛불집회는 놀이이기도 하고 광화문이나 시청 광장은 '놀이터'였다.

하위징아는 "놀이 공동체는 놀이가 끝난 뒤에도 지속하려는 경향이 있다. 특수한 상황 속에 함께 있다는 감정, 무엇인가 중요한 것을 공유한다는 감정, 일상 세계의 규범을 함께 배격한다는 감정은 개개의 놀이가 계속된 시간을 넘어서까지 그 놀이의 마력을 간직한다. 놀이와 공동체(혹은 단체)의 관계는 머리와 모자의 관계와 같다"(Huizinga, 1955/1995, 25쪽)고 말한다. 하위징아의 주장을 받아들인다면, 2002년 월드컵의 응원 놀이가 끝나고서도 무엇인가 지속하려는 경향이 있었다고 볼 수 있다. 월드컵의 광장 응원이 중요한 이유는 이 놀이가 자발적인 행위였고 일상적인 삶을 벗어나서 아주 자연스러운 일시적 활동의 영역으로 들어왔으며, 공동체로서 집단적 응집력이 매우 높았다는 것이다. 월드컵 광장 응원은 놀이 자체로 끝나지 않았고 문화적 기능이나 의례보다 추상적인 세계로까지 점화되기 쉬운 가연성을 지녔다고 볼 수 있다. 광장 응원이라는 거대한 놀이가 끝난 뒤에도 지속하려는 에너지는 2002년 이후 정치, 문화, 사이버 공간 등에서 폭발적으로 퍼져 나갔다. 이 대중적 에너지는 참여라는 형태로 나타났으며, '나는 사회를 변화시킬 수 있다'는 의식으로 표출되었다.

광우병 촛불집회는 게릴라 특성을 보여주는 것뿐만 아니라 진지한 놀이로서의 문화도 만들어냈다. 촛불집회에서 게릴라적 싸움만 있었다면, 그것은 그렇게 오래 지속하지 못했을 것이다. 대중들은 촛불집회에서 놀이의 공동체 문화를 만들어냈다. 이들의 저항은 투쟁이 아니라 놀이였다. 그동안 우리 역사의 대중 운동에서 전개되어 온 집회나 시위는 놀이적 의미를 거의 담지 못했다. 물론 1980년대 시위에서 대동제나 놀이마당을 열었지만, 그것은 대중과 함께한 것이 아니라 대학 내에 머물러 있었을 뿐이었다. 1987년 6월 항쟁도 독재타도를 외치며 광화문과 시청거리를 메웠지만 모두 투쟁에 몰두했지 놀이를 만들어내지는 못했다. 대학생과 화이트컬러를 중심으로 민주화 투쟁만이 전개된 것이었다. 어쩌면 당시와 같은 정치 현실에서 놀이의 요소까지 기대하는 것은 과욕일 수 있다. 과거에는 세대를 초월하기 어려웠고 대중들의 참여가 촛불집회처럼 폭넓지 않았다. 다양한 전술들이 나오지도 않았고 집회 자체를 즐기지도 못했다. 촛불집회는 게릴라로서의 놀이족, 놀이족으로서 게릴라의 성격을 극명하게 보여준 사례였다.

놀이는 어떤 자유로운 행위이면서 일상생활 밖에서 행해지며 어떤 물질적인 이해관계도 별로 없고 이익도 거의 없지만, 지속적으로 즐겨지는 것이다. 인터넷이 현재의 문화를 지배하고 있지만, 거꾸로 보면 사람들은 인터넷이라는 도구를 장난감처럼 가지고 노는 것은 아닌가 하는 생각이 든다. 우리가 인터넷을 가지고 노는 시간과 공간, 또는 인터넷으로 들어가서 노는 시간과 공간을 '사이버 일상성'cyber everydayness이라고 부를 수 있다. 물론 인터넷을 통해서 보내는 시간은 일상성의 한 부분이지만, 이제 다른 일상성의 한 부분으로 놓기에는 '사이버 일상성'이 차지하는 비중이 너무 크다. 놀이족들은 '사이버 일상성' 속에서 놀이의 형식을 만들고, 새로운 놀이에 참여한다.

인터넷 게임 문화는 놀이의 대표적인 특징을 보여준다. 놀이로서의 게임은 몰입하는 세계를 제공한다. 이것은 게임 행위자들이 일인칭이나 이인칭의 경험을 가지고 상호작용함으로써 증대된다. 더욱이 가상현실에서 행위자는 자신의 분신을 가지고 상호작용하면서 매우 높은 실제감presence을 경험하기도 한다. 인터넷 게임에서 내러톨로지narratology(서사 중심)와 루돌로지ludology(놀이 중심)에 대한 논란이 있지만, 놀이 자체의 경험이 중요하다. 게임 놀이가 서사의 영향을 받기는 하지만, 중요한 것은 게임을 하는 행위에서 오는 즐거움이기 때문이다(김영용, 2007, 윤태진 외, 2008).

1인 미디어로 불리는 미니홈피나 블로그도 하나의 놀이다. 자신의 방을 아름답게 꾸미는 놀이, 그리고 새로운 관계 맺기 놀이가 미니홈피다. 미니미들에게 미니룸은 장식과 관계의 공간이다. 현실에서의 탈주는 미니룸에 정착하게 하고, 가상의 집에 살고 있다는 불안감은 파도타기나 일촌 맺기를 통해 새로운 관계를 맺게 만든다. 블로그는 새로운 정보를 올리는 행위를 통해서 놀이와 관계 맺기를 시도한다. 여러 가지 UCC 유형(취미나 정보 제공, 저널리즘, 재미 추구, 시사 풍자 등)이 존재하지만, 재미 추구형 UCC 압도적으로 많다. 정보로서 UCC보다 놀이로서 UCC가 지배적이다.

인터넷 공간에서 글 올리기와 댓글 쓰기도 놀이적 성격을 지니고 있다. 무엇을 표현하는 것은 중요한 놀이의 한 형태다. 글 올리기는 사람들에게 어떤 것을 보여주기 위한 것이지만, 자신을 드러내는 것이기도 하다. 파문 놀이, 드라군 놀이, 1人 놀이, 등수 놀이 등은 댓글에서 자주 볼 수 있는 놀이 형태다. 물론 2006년 유행했던 "이게 다 노무현 때문이다"나 2008년에 유행한 "~면 어때. 경제만 살리면 되지"와 같은 언어 놀이는 당시의 사회 정치를 적나라하게 비꼰다.

지난 10년 동안 한국 사회에서 발생했던 모든 문화 현상을 모두 파악하기는 쉽지 않다. 그럼에도 나는 이 책에서 지난 10

년간 주목받았던 문화 현상을 짚어내고자 했고, 문화코드들을 논의했다. 다섯 가지 문화코드들이 2000년대 이후 한국 사회에서 나타난 문화 형식들이었다면, 이 문화 형식 속에서 표출된 시대정신은 게릴라 정신과 놀이 정신이었다. 2000년대 이후 게릴라 정신과 놀이 정신을 바탕으로 대중은 실천적 주체로서 부상했다. 이런 측면에서 보면 2000년대 한국 당대 문화의 형성 과정은 이전의 그 어느 시기보다도 역동적이었다고 말할 수 있다.

참고문헌

강명구(2007), 인터넷의 사회문화사, 유선영·박용규·이상길(외), 《한국의 미디어 사회문화사》, 한국언론재단.

강인철(1999), 한국전쟁과 사회의식 및 문화의 변화, 정성호 외, 《한국전쟁과 사회구조의 변화》, 서울: 백산서당.

강재원·김은지(2009), 대학생들의 동영상 UCC 이용에 관한 탐색적 연구: TPB-TAM 통합 모델 적용, 《한국언론학보》, 53권 1호, 187~208쪽.

경향신문사(2008), 《촛불 그 65일의 기록》, 경향신문사.

공임순(2001), 역사-드라마의 멜로드라마적 구도와 민족주의의 이율배반성, 《방송문화연구》, 제13권, 197~222쪽.

김규찬(2006), 인터넷 마녀사냥의 전개와 그 함의: 2005년 '개똥녀 사건'을 중심으로, 서울대대학원 언론정보학과 석사논문.

김기봉(2006), 《팩션시대, 영화와 역사를 중매하다》, 서울: 프로네시스.

김기봉(2007), 사극영화, 새로 쓰여진 역사를 통해 재구성된 기억과 그 의미 토론문, 한국극예술학회 2007년 전국학술발표대회 자료집, 《극예술과 역사: 실재와 상상적 재현의 변증법》.

김동환·김현식(2005), 《촛불@광장 사회의 매커니즘: 티핑 포인트, 약자의 선순환, 트리거》, 서울: 북코리아.

김명혜(2004), 이미지·과학·소비의 덫에 걸린 몸, 《프로그램/텍스트》, 제10권, 9~32쪽.

김상곤(2008), 촛불 정국의 역사적 성격과 위상, 권지희 외, 《촛불이 민주주의다》, 서울: 해피스토리.

김승현·한진만(2001), 《한국 사회와 텔레비전 드라마》, 서울: 한울 아카데미.

김영용(2007), 《인터랙티브 미디어와 놀이》, 서울: 커뮤니케이션 북스.

김용만(2007), 역사와 고구려 드라마 '연개소문', 고구려연구회 학술세미나 자료집 《역사와 고구려·발해 드라마》, 2007년 3월 19일 대우재단.

김유진·이영희(2007), UCC 이용 동기와 참여도가 UCC 활용에 미치는 영향, 《소비자문제연구》, 32호, 1~32쪽.

김예란(2004a), 가상공간의 공동체 문화탐색: 사이월드 문화를 중심으로, 《언론과 사회》, 12권 3호, 55~89쪽.

김예란(2004b), 텔레비전과 몸의 정치학: 소녀 육체의 미디어 표상, 《프로그램/텍스트》, 10호, 33~52쪽.

김은미·이준웅(2006), 읽기의 재발견: 인터넷 토론 공간에서 커뮤니케이션 효과, 《한국언론학보》, 50권 4호, 65~94쪽

김훈순·김민정(2004), 팬픽의 생산과 소비를 통해 본 소녀들의 성 환타지와 정치적 함의, 《한국언론학보》, 48권 3호, 330~353쪽.

권지희 외(2008), 《촛불이 민주주의다》, 서울: 해피스토리.

나은영·이강형·김현석(2009), 댓글읽기/쓰기를 통한 온라인 소통이 대의미주주의 사회에서 갖는 의미: 인터넷 뉴스 댓글 이용과 사회신뢰, 정치신뢰, 언론신뢰, 그리고 정치의식, 《한국언론학보》, 53권 1호, 109~132쪽.

박근호(2006), 인터넷 공간에서의 탈주와 영토화: 얼짱 신드롬을 중심으로, 한국교원대학교 교육대학원 석사논문.

박세종(2002), 정치인 팬덤, 노사모 분석, 한국방송학회 발표논문집 (2002년 11월 23일).

박정현(2004), 마케팅 신조어로 풀어보는 신소비 코드, 《LG주간경제》, 2004년 3월 31일.

방송통신위원회 한국인터넷진흥원(2009), 《2009년 인터넷 이용실태조사》.

배선애(2007), 고구려 소재 TV드라마 연구: MBC 창사 45주년 특별기획 드라마 '주몽'을 중심으로, 한국극예술학회 2007년 전국학술발표대

회 자료집《극예술과 역사: 실재와 상상적 재현의 변증법》, 2월 2일, 한양대학교.
서길수(2007), 역사와 고구려 드라마 '주몽', 고구려연구회 학술세미나 자료집《역사와 고구려·발해 드라마》, 2007년 3월 19일 대우재단.
서병기(2009), 짐승돌의 정체는, 〈헤럴드경제〉, 2008년 8월 25일.
손영석(2006), 광고 미디어로 재생산되는 섹슈얼리티,《고대 Today》, 24호
송요셉(2009), '백합' 팬픽에 나타난 여성 간 관계설정에 관한 탐색: '야오이' 팬픽과 비교를 중심으로, 2009년 한국언론학회 가을철 학술대회 발표논문.
오연호(2004),《대한민국 특산품 오마이뉴스》, 서울: 휴머니스트.
양성희(2008), 언니들을 사로잡은 대박 드라마 〈커피프린스 1호점〉은 우리들에게 무엇이었나,《프로그램/텍스트》, 17호, 143~156쪽.
윤태진 외(2008),《게임문화연구의 키워드》, 서울: 아메바
은새샘(2008), 팬덤 속에 나타나는 팬픽—동방신기, 대중문화론 수업 레포트.
원용진·주혜정(2002), 텔레비전 장르의 중첩적 공진화(dual co-evoluation): 사극 '허준'과 '태조 왕건' 분석을 중심으로,《한국방송학보》, 16권 1호, 300~332쪽.
양승국(2007), 역사를 소환·재현하는 몇 가지 방식, 한국극예술학회 2007년 전국학술발표대회 자료집,《극예술과 역사: 실재와 상상적 재현의 변증법》, 2월 2일, 한양대학교.
이기형(2004),《인터넷 미디어: 담론들의 '공론장'인가 '논쟁의 게토인가'》, 한국언론재단.
이동후·김영찬·이기형(2004),《IT와 신세대 문화의 형성, 확산과정》, 정보통신정책연구원.
이병훈(1997), TV 史劇의 변천과 특성에 관한 연구, 한양대학교 석사학

의 논문.

이어령(2006), 《문화코드》, 서울: 문학사상사.

이영자(1997), 의상화된 몸, 아름다운 몸을 위한 사투, 《사회비평》, 17호, 10~30쪽.

이원태(2009), 인터넷 참여문화의 성숙을 위한 정책방향, 《한국 인터넷의 역동성과 다양성》, 정보통신정책연구원 주최 2009 한국 인터넷 문화의 특성과 발전방안 심포지엄.

이순영(2004), 《붉은 악마》, 2002년도 한국학연구보고서, 서울대학교 생활과학대학 아동가족학과.

이재현(2004), 《모바일 미디어와 모바일 사회》, 서울: 커뮤니케이션북스.

이준웅(2005), 비판적 담론 공중의 등장과 언론에 대한 공정성 요구, 《방송문화연구》, 17권 2호, 139~172쪽.

이준웅(2009), 가는 말이 험해야 오는 말이 곱다, 《한국언론학보》, 53권 4호, 395~435쪽.

이준웅(2009), 인터넷 시대의 매체 이용과 시민성 함양, 《한국 인터넷의 역동성과 다양성》, 정보통신정책연구원 주최 2009 한국 인터넷 문화의 특성과 발전방안 심포지엄.

이준웅, 김은미(2006), 인터넷 게시판 토론과 정치토론 효능감, 《한국언론학보》, 50권 3호, 392~423쪽

장덕진(2009), 인터넷 이용과 사회운동 참여, 《한국 인터넷의 역동성과 다양성》, 정보통신정책연구원 주최 2009 한국 인터넷 문화의 특성과 발전방안 심포지엄.

장우영(2005), 온라인 저널리즘의 정치적 동학: '논객 사이트'를 중심으로, 《언론과 사회》, 13권 2호, 157~188쪽.

정민우·이나영(2009), 스타를 관리하는 팬덤, 팬덤을 관리하는 산업, 《미디어, 젠더 & 문화》, 통권 12호, 192~240쪽.

정영희(2005), 《한국 사회의 변화와 텔레비전 드라마》, 서울: 커뮤니케이션북스.

제일기획(2003), 《대한민국 변화의 태풍 - '젊은 그들'을 말한다》, 제일기획 보고서.

최민재(2007), 《동영상 UCC와 저널리즘》, 한국언론재단.

최성아(2004), Metrosexual의 등장과 남성 대상 마케팅 붐 (www.emars.co.kr).

최재근(1995), 《역사철학 강의》, 서울: 동풍.

한국인터넷진흥원(2007), 《인터넷 멀티미디어 UCC 제작 및 이용실태 조사》.

한준호(2009), 대중이 걸그룹에 열광하는 3가지 이유, 〈세계일보〉, 2009년 8월 25일.

황인성(2000), 드라마 '허준'의 장르론적 특징과 대중성에 대하여, 한국방송비평회 프로그램 비평토론회, 《드라마 허준을 다시 읽는다》.

Benjamin, W.(1983), 반성완 편역, 《발터 벤야민의 문예이론》, 서울: 민음사.

Fernback, J.(1999), *Doing internet research: Critical issues and methods for examining the Net*, In S. Jones(Ed.), 이재현 역(2000), 《인터넷 연구방법》, 서울: 커뮤니케이션북스.

Foster, D.(1997), Community and identity in the electronic village, In D. Foster(Ed.), *Internet Culture*, London and New York: Routledge.

Gans. H.(1977), *Popular Culture and High Culture*, 강현두 역(1997), 《대중문화와 고급문화》, 서울: 나남출판.

Geertz, C.(1973), *The Interpretation of Culture*, New York: Basic Books.

Grindon, L.(1994), *Shadows on the Past: Studies in the Historical Film*, Philadelphia: Temple University Press.

Grossberg, L.(1986), On postmodernism and articulation: An interview with Start Hall, *Journal of Communication Inquiry*, 10(2).

Hall, S. and T. Jefferson(eds)(1979), *Resistance Through Rituals: Youth subcultures in post-war Britain*, London: Harper Collins.

Hebdige, T.(1979), *Subculture: The Meaning of Style*, London: Methuen.

Huizinga, J.(1955), *Homo Ludens-A Study of the Play Element in Culture*, 김윤수 옮김(1995), 《호모 루덴스: 놀이와 문화에 관한 한 연구》, 서울: 까치.

Jenkins, H.(1992), *Textual Poachers: Television Fans & Participatory Culture*, New York: Routledge.

Jenkins, H.(2006), *Fans, Bloggers and Gamers: Exploring Participatory Culture*, New York: New York University Press.

Johnson, R.(1995), What is cultural studies anyway?(Originally published in 1983), In J. Munns and G. Rajan (eds.), *A Cultural Studies Reader: History, Theory, Practice*. London and New York: Longman.

Kellner, D.(1995), *Media Culture: Cultural studies, identity and politics between the modern and the postmodern*, London: Routeldge.

Kindlon, D.(2006), *Alpha Girls: Understanding the New American Girl and How She Is Changing the World*, 최정숙 옮김(2007), 《새로운 여자의 탄생: 알파걸》, 서울: 미래의 창.

Lukacs, G.(1937), *Der Historiesche Roman*, 이영욱 옮김(1999), 《역사소설론》, 서울: 거름.

Ong, W.(1982), *Orality and Literacy: The Technologizing of the Word*, London: Methuen.

Rheingold, H.(2002), *Smart Mobs*, Cambridge, MA: Persues Publishing.

Shaw, H. E.(1983), *The Forms of Historical Fictions: Sir Walter Scott and his Successors*, Ithaca and London: Cornell University Press.

Williams, R.(1990), *Television: Technology and Cultural Form(Second edition)*, London: Roulteldge.

Wyatt, D.(1993), *Out of the Sixties: Storytelling and the Vietnam generation*, Cambridge: Cambridge University Press.

신문자료

〈New York Times〉, Metrosexuals come out, 2003년 6월 22일.

〈국민일보〉, 장애인의 누드가 아닌 여성 누드로 봐주세요: 휠체어 의지 1급 장애 여성 이선희 씨, 2004년 10월 5일.

〈국민일보〉, 드라마 男주인공의 심리전략, 2005년 10월 26일.

〈동아일보〉, P세대 자기표현, 2003년 6월 11일.

〈동아일보〉, 탄핵안 가결 이후, 전국 곳곳서 탄핵반대 촛불시위, 2004년 3월 15일.

〈동아일보〉, 위안부를 누드 상품화 하다니 … 이승연 영상물 파문, 2004년 2월 12일.

〈디지털 타임즈〉, UCC · 블로그 … '웹 2.0 성장기', 2007년 12월 24일.

〈머니투데이〉, 블로그 시대, 스타 산실? 쓰레기 공장?, 2006년 5월 18일.
〈문화일보〉, 꺼지지 않는 '촛불 300일', 여중생 추모시위 500만 참가 … 시대의 상징으로, 2003년 9월 20일.
〈미디어 오늘〉, 2007년 온라인은 블로그의 해, 2007년 12월 20일.
《시사IN》, 촛불의 기동전, 촛불의 진지전, 2009년 4월 27일.
〈조선일보〉, 이제는 P세대, 참여(participation), 열정(passion), 힘(power)으로 주도, 2003년 6월 9일.
〈조선일보〉, 소녀 벗기는 사회(上), 2010년 1월 27일.
〈조선일보〉, 소녀 벗기는 사회(中), 2010년 1월 28일.
〈중앙일보〉, 싸이월드는 왜 떴을까?, 2006년 6월 18일.
〈한국일보〉, 올해는 '블로그의 해' … 신조어 쏟아져, 2007년 12월 26일.
〈한겨레신문〉, 사설, 2002년 12월 31일.
〈헤럴드경제〉, 벌거벗는 대한민국 … 연예인 이어 일반인도 '누드 열풍', 2004년 10월 9일.

KI신서 2410
대한민국 컬처코드

1판 1쇄 인쇄 2010년 5월 17일
1판 1쇄 발행 2010년 5월 24일

지은이 주창윤 **펴낸이** 김영곤 **펴낸곳** (주)북이십일 21세기북스
기획·편집 황상욱 **본부장** 이승현
마케팅·영업 도건홍 김남연 **디자인** 씨디자인
출판등록 2000년 5월 6일 제10-1965호
주소 (우413-756) 경기도 파주시 교하읍 문발리 파주출판단지 518-3
대표전화 031-955-2155 **팩스** 031-955-2151 **이메일** book21@book21.co.kr
홈페이지 www.book21.com **트위터** www.twitter.com/pcon21

값 15,000원
ISBN 978-89-509-2363-1 03810

이 책 내용의 일부 또는 전부를 재사용하려면 반드시 (주)북이십일의 동의를 얻어야 합니다.
잘못 만들어진 책은 구입하신 서점에서 교환해 드립니다.